U0909342

成为更好的人

怪作家

ODD TYPE WRITERS

从席勒的烂苹果到奥康纳的甜牙

[美] 西莉亚·布鲁·约翰逊 著
宋宁刚 译

Celia Blue Johnson

·桂林·

怪作家：从席勒的烂苹果到奥康纳的甜牙
GUAI ZUOJIA: CONG XILE DE LAN PINGGUO DAO AOKANGNA DE TIANYA

Odd type writers: from Joyce and Dickens to Wharton and Welty, the obsessive habits and quirky techniques of great authors
By Celia Blue Johnson

This edition published by arrangement with the TarcherPerigee, an imprint of Penguin Publishing Group, a division of Penguin Random House LLC.
著作权合同登记号桂图登字：20-2018-039 号

图书在版编目（CIP）数据

怪作家：从席勒的烂苹果到奥康纳的甜牙 / （美）西莉亚·布鲁·约翰逊著 ； 宋宁刚译. --桂林：广西师范大学出版社，2019.2（2019.5 重印）
ISBN 978-7-5598-1451-7

Ⅰ. ①怪… Ⅱ. ①西…②宋… Ⅲ. ①作家—人物研究—世界 Ⅳ. ①K815.6

中国版本图书馆 CIP 数据核字（2018）第 271896 号

广西师范大学出版社出版发行
（广西桂林市五里店路 9 号　邮政编码：541004
网址：http://www.bbtpress.com）
出版人：张艺兵
全国新华书店经销
北京盛通印刷股份有限公司印刷
（北京经济技术开发区经海三路 18 号　邮政编码：100176）
开本：787 mm × 1 092 mm　1/32
印张：6.625　　字数：100 千字
2019 年 2 月第 1 版　　2019 年 5 月第 2 次印刷
定价：45. 00 元

目录

导言

席勒 Friedrich Schiller
烂苹果 11　夜生活 16

巴尔扎克 Honoré de Balzac
咖啡重度患者 23　伴着墨水的饮品 29

大仲马 Alexandre Dumas
感受蓝色 35　数字游戏 39

雨果 Victor Hugo
软禁 45　将风景织成词语 49

爱伦・坡 Edgar Allan Poe
神秘的尾巴 55　滚动 59

狄更斯 Charles Dickens
旅行的书桌 63　长羽毛的缪斯 65

伊迪丝・华顿 Edith Wharton
纸质地形 71　明亮的眼睛 76

普鲁斯特 Marcel Proust

以软木为盾 83

科莱特 Sidonie-Gabrielle Colette

跳蚤杂技表演 91　纸间的脚爪 95

格特鲁德·斯泰因 Gertrude Stein

交通堵塞 103　行进中 107

杰克·伦敦 Jack London

纸上挖掘 113　大师的阴影下 117

伍尔夫 Virginia Woolf

作家的画架 121　书写板 124　颜色大全 125

乔伊斯 James Joyce

蜡笔、剪刀和浆糊 129　香烟、双胞胎和邪眼 134

D. H. 劳伦斯 D. H. Lawrence

与树荫幽会 139　当陷入怀疑…… 142

纳博科夫 Vladimir Nabokov

谜一样的缀合 147　洗澡时间 151

海明威 Ernest Hemingway

给冰箱除霜 157

斯坦贝克 John Steinbeck

用声音写作 163　大声说 168

尤朵拉·韦尔蒂 Eudora Welty

别住它 173　谢绝风景 177

卡波特 Truman Capote

不下床 183　远离录音机 186

弗兰纳里·奥康纳 Flannery O'Connor

早课 191　甜牙 197

致谢

译后记

导言

第一次去查姆利酒吧[1]，我迷了路。时值傍晚，整个下午都在下雪。我从克里斯托弗街地铁站出来，路两边已积了厚厚的一层白。街灯和霓虹灯广告牌照亮了飘落的雪花。行人来来往往，有的因路滑而跌倒。我转向其中一条蜿蜒的街道，朝曼哈顿西村的中心走去。突然，第七大道的喧嚣消失不见，我置身于一片宁静之中，能听到鞋子在雪上发出咯吱咯吱的低响。

与曼哈顿的许多地方不同，西村的街道并无明显的规则。对于不熟悉这一地区的人来说，它们构成了一个令人困惑的迷宫，譬如我就是这样。因此，在最终抵达贝德福德街之前，有好几次我都拐错了弯。之后我必定从查姆利酒吧门前路过有三四次，却未认出门上的门牌号。问题在于这座建筑看起来与该地区每一座迷人的砖房都差不多。还有一点，作为禁酒时期一家非法经营的酒吧，查姆利应该是不想引人注目。之后当禁酒令解除，酒吧的主人决定

1　不幸的是，2007 年查姆利酒吧因受到结构性损毁而关门。文学迷们依然在翘首等待这一历史性的热门场所重新开放。——作者注

坚持其无个性的外表。

而一旦我走进去，我知道我没有搞错，这里就是那个历史悠久的文学中枢。入口通道上挤满等位的人们。侍者端着一品脱一品脱的啤酒和丰盛的食物，在桌子之间穿梭。活跃的谈话声、咯咯的笑声、玻璃杯的叮当声、欢快的音乐，气氛融融泄泄。在人体散发的热度和开放式壁炉跳跃的火焰之间，餐厅美好、温暖而舒适。而在这个世界之外，隔着一道前门，便是冰冷、寂静的街道。

酒吧墙上挂满多年来经常光顾这里的作家们的照片。在这些肖像下面，则是数百张书封环绕着整个酒吧。菲茨杰拉德、斯坦贝克、塞林格和埃德娜·圣文森特·米莱[1]，只是坐在木桌边喝酒的文学传奇中的为数几个。熟悉的面孔在一张张黑白照片上或恶作剧地笑着，或凝视着远处。他们看起来只是暂时板着脸，随时可能迸出笑声，或进行严肃的讨论。想象一下，从詹姆斯·瑟伯或多萝西·帕克[2]那里听到一句妙语反驳，会是怎样的情形！

1　埃德娜·圣文森特·米莱（1892—1950），美国诗人、剧作家，1923 年获普利策诗歌奖。

2　詹姆斯·瑟伯（1894—1961），美国漫画家、寓言作家。多萝西·帕克（1893—1967），美国诗人。两人皆以机智著称。

这些人很久以前就故去了，但他们生命的影子回到了这个地方。当我的名字被叫到时，我悄悄来到一个卡座旁，闭上眼睛好几秒。声音在我身边起伏。我想象那一记深沉的笑声，不是来自旁边桌子的陌生人，而是发自海明威。我能分辨出房间另一头有一个很兴奋的声音，但吐字太快，不能准确捕捉到他说了什么。我想，应该是凯鲁亚克吧。当然，这些涌入查姆利的才华横溢的头脑彼此说笑的情景，是没办法重现。然而坐在那里，我突然想到，其实它近在咫尺。

步入一位传奇作家的家，对我来说，则是一番全然不同的体验。在那墙里有一种神圣的缄默。为了保护空间，重要的房间用绳子隔开来，这可以理解。于是一个人可以窥视一个作家的书房，但不能坐在他 / 她写作时坐过的地方。从地理上来看，站在室内和站在室外无甚区别。其实不然。从门口看，我发现自己很难在脑海中召唤出任何事物，除了作家坐在书桌边的一维的画面。而在查姆利，我感觉自己好像被传输到另外的时间。作为一名文学狂热者，我寻求的是直接的亲密。这也是我写作本书的部分原因。我想赋予那些有着怪异的安静的房间以生命力，正是在这些房间里，名人们写出了他们开创性的作品。

如果你是一名书虫，本书所特写的许多作家，想必你至少翻过其中一位的小说。你打开第一页，然后等你想到要抬头，也许几个小时便已悄逝。这种催眠的力量有一种难以捉摸的、几乎等同于魔力的性质。对此，我可不敢贸然尝试去界定。当我写这本书以探究是什么在让文学天才[1]运转时，这从来不是我的目标。任何头脑的细微差别是不可能指明的。

在《怪作家》一书中，我只是想设想一间有作家在其中的书房。我想了解：他们写作时，用的是打字机、铅笔或钢笔？坐的是写字椅、扶手椅，还是沙发？家具的选择是基于实用，还是出于情感上的理由？也许有一只猫在附近低吟。也许有一扇窗户朝外撑开，这样新鲜的空气可以涌入。我想发现的，只是使作家们彼此相别的细小差异。我事先并不知道我会闯入如此怪异的文学领地。

原来作家们是一帮很古怪的家伙。当我沉浸在书中，或者点击一个个网站，我会被一些不可思议的奇怪的事实——关于知名的作家们和他们的写作习惯——绊住。我震惊地发现，席勒会把双脚浸在冷水中，为了不让自己发

1 genius 也有“精灵”“神魔”的意思，以表明一种非人的力量。

困。我很难相信乔伊斯用蜡笔在卡纸板上写作，而他就是这样创作出《尤利西斯》和《芬尼根的守灵夜》。当我发现科莱特在写作之前要从她的宠物身上抓虱子，我差点放下手头的书。这些技巧看起来比最捕风捉影的虚构，还要荒诞不经。

我还发现一些不同寻常的、强迫性的行为。有的作家便依赖这些乍看之下似乎很普通的习惯。例如弗兰纳里·奥康纳在一段固定的时间写作。杰克·伦敦给自己定了一个每天要完成的字数。正是他们对这些做法的一以贯之，使得它们有别于常规。奥康纳每天很早就起床写作，甚至周末也如此，没有任何休息时间。杰克·伦敦一天要写一千字，在他整个的写作生涯，天天如此。对我来说，这种精神上的强迫在显得异常之余，更带给我直接的震撼。

在本书中，我收集了那些我遇到过的最有趣的怪癖和执迷。其中许多是作为逸事在文章中列出，但我试图对每一个都描述得更充分一些。在关于特定作家的每一篇短文中，我依据他/她的事业背景，来探讨那些独特的写作习惯。我想知道怪癖缘起于何时，持续了多久，以及一种习惯是否会换成另一种。我想搜罗到作家是如何描述自己的怪癖，不论是在访谈中讨论，在信件中提到，抑或在日记中涉及。

在整合这本书的时候，我并没有遵从一条从开始到结束的直线，而是采取了迂回的方式。偶然遇到的一桩事实，带出一桩相关的事实，再扯出另一个作家，以及另一桩完全不同的事实。这些横生的枝节启发我写出了那些短小、驳杂的文字，它们将不相关的作家汇聚到他们共享的怪癖之伞下。

在为《怪作家》所进行的研究中，我细查了信件、回忆录、文章和传记。一手和二手的记述都揭示了关于作家习惯的迷人细节。一些作家会在信件或谈话中描述他们的写作过程。另外一些在这方面嘴更严，于是我便依赖他们的朋友、家庭成员和同事的讲述。

我们必须时刻牢记，作家以及他们身边的人，可能会在某些情况下修饰事实。怪癖对于丑闻来说可是极好的素材，而且在口口相传时会严重夸大。同样没办法避免的，是作家的自我神话化，尤其其中一些是有史以来最为优秀的故事讲述者。然而即便是在作家对真相予以发挥时，他们依然揭示了自身的某些东西：凸显某一特定形象的渴望，或者回避的需要。所以，在收集调查研究时，我很谨慎，会参阅好几种资料，而且会提及相互冲突的记述。

在本书中，你会发现大作家们的各种独特的习惯，什么样的都有。爱伦·坡写作时，把一只猫放在肩头以保持平衡。阿加莎·克里斯蒂一边在浴缸里啃苹果，一边编造谋杀情节。当截稿日迫在眉睫，雨果会把自己关在屋子里，只披一条灰色的编织长披巾。席勒在书桌抽屉里放满烂苹果，依靠这刺鼻的气味，激发他的创造力。你可以采取这些做法中的一种，或者更有野心点，将几种予以杂糅，但可能仍然无法唤起天才。这些故事并不包含写出一部伟大小说的秘诀。毋宁说，书中提及的作家们证明了通往伟大文学的道路，是由自己独有的而非他人的怪癖铺就而成。

伍尔夫曾写道：“一个女人要写小说，必须有钱和一间她自己的房间。”我读过伍尔夫的随笔《一间自己的房间》，在这篇文章中这一句出现了好多次。但是直到着手这趟文学远征，我并没有充分意识到一间房间的重要性。确实，作家需要空间。一间房间远不止四面墙、天花板和门。它是这样一个地方，在这里作者可以拥抱，甚至利用他/她的癖好。在一间房间的孤处中，作家的创造力不仅展现在纸页上，还展示在其独一无二的写作习惯上。

《怪作家》把你带到名作家们写作的地方去看看。它们中的很多有着奇怪的道具，像烂苹果、不超过三根烟蒂的烟灰缸，以及冰淇淋碗。你会发现，一些作家倾向于特定的地点，某个他们可以改造以满足自身之需的地方。而对于其他作家，房间更多是一个隐喻，会被从一个地点带到另一个地点，甚至越过门槛，进入荒野。在每个空间中，你都有机会见到一个非凡的作家在写作。我可以肯定，你会发现他们是一群古怪又勇敢的人。这些作家们以独特的、令人惊异的方式，大胆地将故事形诸纸上，不论是用蜡笔勾画，还是用紫墨水创作，或者对着录音机口书。

弗里德里希·席勒

Schiller

烂苹果

弗里德里希·席勒

1759—1805

那种气味，对席勒有益，对我则像毒药。

——歌德《歌德谈话录》

据歌德说，他与席勒截然相反，甚至在写作习惯上。席勒去世二十年后，他向传记作者艾克曼回忆起两人的不同。他讲了一个非常奇怪的事情，来反映这种差异有多大。有一次，他顺道去拜访席勒，发现这位朋友出去了，便决定等他回来。这一小段等待的空闲，多产的诗人没有浪费，而是坐在席勒的书桌前，匆匆记下些笔记。这时，一股奇怪的恶臭使他不得不停下。不知怎的，有一股难闻的气味渗入了这个房间。

歌德循着气味找到了源头，实际上就在他坐着的地方。气味散发自席勒书桌的一个抽屉。歌德弯腰打开抽屉，发现里面有一堆烂苹果。迎面扑来的气味如此有冲劲，把歌德弄得头晕。他赶紧走到窗户跟前，去呼吸新鲜空气。对于发现的垃圾，歌德自然很好奇，但席勒的妻子夏洛特提供的实情只能令人咋舌：席勒有意将苹果放坏。这种“芳香”不知怎的，能带给他灵感。而据他的配偶说，“没有它，他就没法生活或写作”。

多年以来，席勒与歌德金石相契。他们就各种话题进行谈话和通信，互相砥砺，甚至合写了一些作品。然而，在两人第一次见面时，席勒却坚信，他们永远不会莫逆于心。这次相遇发生在 1788 年 9 月。在由伦格费尔德家族主办的一个聚会上，两人同时被邀请参加。对于这次聚会，席勒极为兴奋，因为歌德的名字也出现在客人名单里。但到真正见面时，席勒发现，歌德只热衷于谈论自己不久前在意大利的旅行。谈话缺乏深度，席勒感到失望。在给朋友克里斯蒂安·戈特弗里德·科尔纳的信中，他描述了这次毫无闪光点的会面，说：“我怀疑我们是否还会彼此走近。”但六年后，两人又一次相遇。他们谈起席勒创办的新杂志《时序女神》，这次会面的谈话要愉快得多。最终，两人的联系紧密到如歌德所说，“[我们中的] 一个离了另一个，真的没法活”。

既然是好友，席勒欢迎歌德兴之所至随时来串门，就像在烂苹果事件中。然而，没熟到这份的意外之客，则不可能有这样的待遇。席勒讨厌被打扰，尤其在他努力工作的时候。歌德发现，“遇到这些场合，他会不时地表现出缺乏耐心，有时甚至会显得粗鲁”。如果一个人贸然来访，席勒不会掩饰自己的懊恼。他明显的愤怒会使见面过程很快结束。

为了确保奋笔疾书时无人突然造访，席勒通常在晚上写作。在星辰升起、可能的来访者熟睡之时，他会工作上数小时。他的身体对上夜班发出抗议，睡意不可避免，但疲倦的痛苦不是他的对手。夜里写作时，他会用浓烈的咖啡来提神。有时，如果实在困极了，就需要采取更极端的行为。为避免在桌子上睡着，席勒会将双脚放进一桶冷水里。

如果听到席勒为了在夜里保持清醒这么费周折，他的邻居可能会吃惊。1797 年，席勒在德国耶拿西郊买了一栋房子。花园里有一座两层的塔楼，夏天的几个月，他在这里工作。他的书房就在这座方形建筑的二楼。深夜，邻居们会听到席勒一边大声说话，一边来回踱步，思索着他的下一行诗。这种活跃的写作过程，会持续到大约凌晨三点到五点。

席勒并不总在夜里写作。如果在白天拿起笔，他会把房间弄得很昏暗。书房的红窗帘依然闭掩。阳光透过织物照进来，为工作提供了一个亮度很低的环境。在塑造环境以适合他的创作需要方面，席勒是个大师。窗帘、苹果、咖啡……都可以成为这位剧作家写作时的“道具”。随着红窗帘在书房的起与落，各色作品在纸上登场。

在青年时代，席勒不是塑造他的环境，而是逃避它，以宏伟的文学抱负为名义。第一部戏剧《强盗》上演时，他只有二十二岁，刚从大学毕业不久，在斯图加特当军医。处在人生的这一阶段，对于席勒来说，戏剧的分量大过军事责任。对一个年轻作者来说，这是个令人兴奋的成就。尽管充分意识到这么做会破坏规则，席勒还是悄悄离开部队，参加了在曼海姆的首场演出。如果重返职守，他还能够避免麻烦。然而，他又去看了这部戏的另一场演出。这一次，没法再保密了。回到斯图加特之后，这位年轻的反叛者，被卡尔·欧根公爵施行了两项惩罚——十四天禁闭，以及更糟的，除了医学论文，不准再写其他任何东西。

席勒自然不愿服从公爵的限令。为了确保文学上的自由，席勒与朋友安德列亚斯·施特赖歇尔共谋，一起逃到曼海姆。但在这次紧急的过程中，席勒创作的兴致胜过了一切。动身的这一天，席勒在灵感的激荡下，拟了一首颂诗。尽管施特赖歇尔担心耽搁会增加他们的危险，席勒还是坐下来创作了一首新作。出发时间被延后数小时。他们原计划早晨离开，最后到深夜才乘马车出发。幸运的是，他们安全抵达了曼海姆。

席勒的逃离，最终比他预期的，要艰难得多。新作打不开销路，经济拮据困扰了他好多年。尽管如此，他并没有背离文学志业。在他的职业生涯中，他主要写戏剧，包括《威廉·退尔》；也写诗，如《欢乐颂》；此外，还有历史与哲学论文。他以同样的热情和献身精神，发展出一种方法，帮助他创作出这些伟大的作品。这个高挑瘦削的作家，沉浸在昏暗的光线里，啜饮含咖啡因的饮品，闻着烂苹果的气味写作。

夜生活

像席勒一样，另一些大作家也选择在晚上写作，但原因五花八门。对于有些人，创造的轮子在太阳下山后才转得最快。“夜晚的时光唤醒了我更敏锐的化学反应。”汤姆·沃尔夫[1]说。他的《电子“酷爱”迷幻派对》就写于深夜。他每天下午开始工作，到晚饭前，能写多少算多少。晚饭后继续写，直到完成每天规定的十页纸。写完后，沃尔夫不会立即上床慢慢入睡，而是会在电视机前做仰卧起坐，给夜晚画一个圆满的句号。

罗伯特·弗罗斯特在夜晚写作，同样是被创造力驱使，尽管他骨子里害怕黑暗。这种恐惧症困扰了弗罗斯特整整一生，以致他都十几岁了，还要睡在母亲的房间。多年以后，已经成年的弗罗斯特在走进自家大门之前，还要别人先为他开灯。不过，尽管有着惊恐，他却选择在夜里写作。他发现夜里的时光是迷人的。在一次访谈中，他

1 汤姆·沃尔夫（1931—2018），美国记者、作家。1968 年出版的 *The Electric Kool-Aid Acid Test* 为其代表作，乃“新新闻主义”最广为人知的范例。它讲的是美国小说家肯尼思·凯西及其乐队“快活的恶作剧者”。Kool-Aid（酷爱）是卡夫公司生产的一种饮料，而 Acid Test 在这里指的是将迷幻药掺入“酷爱”的瘾君子吸毒聚会。

说：“我时常盼望我们能有两个月亮。看到它们在天空晃悠——那将多么不寻常。”作为新罕布什尔州德里的农民新手，弗罗斯特制定的工作日程表可谓激进。夜里，当星光在农舍的上空闪烁，他创作他的诗歌。之后，当天光破晓，他并不跳下床照料他的牲口，而是一直睡到晌午。奶牛们也尽其所能，把挤奶时间调整到正午和午夜。

另外一些作家在晚上写作，则是因为太阳升起后，他们的注意力需要用来对付白天的工作或学习。陀思妥耶夫斯基读工程学校时，就在夜里抽时间写作。当别的学生在屋里熟睡，他坐在桌子前，在毯子下缩成一团，一页页地写他的散文[1]。甚至在成为全职作家后，陀氏依然在夜里写作。深夜的时光提供了必要的平静，尤其在名声增长之后。直到1881年去世前的几个月，他还在一封信里提到夜晚工作的习惯。白天，他会被数不清的要求打扰。他写道：“为什么我在夜里写作？因为在这里，当我下午一点醒来后，会有一波接一波的造访者前来。”

还在十几岁上军校时，塞林格便决定找时间写作。

1　为防止可能的误解，有必要说明的是，“散文”在本书中对应的英文皆为prose，涵盖诗歌之外的一切非韵文体裁，而非现代中文语境中，与“诗歌”“小说”“戏剧”并列的文体。

《纽约客》编辑威廉·麦克斯韦描述过这个年轻作者的努力："夜里在床上钻进被窝，借助手电筒的光，他开始写小说。"后来，当他可以支配自己的写作时间，塞林格就把工作时间转到了白天。他的家位于新罕布什尔州康沃尔镇，在家后面的混凝土掩体里，他每天花十六个小时写作或修改文稿。这位遁世的作家很少准许别人进入他的书房，伯特兰·伊顿是其中之一。伊顿指出，"在工作室的墙上，杰里有一溜杯钩，上面挂着他一沓沓的笔记"。房里其他必不可少的工具是一个打字机和一个分类账本，其中包括手稿页与笔记。

晚上，卡夫卡的写作总要持续很久。创作于1912年9月的短篇小说《审判》，便是他一口气从晚上十点到次日清晨六点写出来的。第二天，他在日记中写道："只有以这种方式才能够写作；只有以这种连贯性，才能够完全打开身心。"工人意外保险机构的工作使卡夫卡没法在白天写作。他会在早上八点，在夜里数小时的写作之后，带着一身困倦去上班。尽管下午很早就干完工作，卡夫卡剩下的时间却被午饭、长午觉、锻炼（光着身子进行）、散步和晚饭填满。一直到晚上十点，他才有时间写作。当月亮在夜空升得高高，他的笔底开始奔涌。

琼·狄迪恩[1]在写第一部长篇小说《奔涌吧，河流》时，还得努力应付《时尚》杂志的工作。当她从杂志社办公室回到家，她会盯着家里的墙看，上面覆盖着来自书里的场景。她会选择一个已被搁置数月的场景，然后再做一次尝试。这一仪式持续了多年，直到她将尚处于半成品的书卖给出版商。从那一刻起，她一连几个月离开办公室，为了完成这本书，不分昼夜地赶工。

极少有作家能够找到一份工作，让他或她既能写作，又能维持生计。在锅炉房里上夜班，听起来并不吸引人。但对于福克纳，发电厂的夜间管理员这一工作，却无比适合。在漫长的夜里，他并没有打盹，而是写作。仅用六周，福克纳就完成了《我弥留之际》。在上班的时间里，他获得了双倍报酬——一份稳定的薪水和一整部小说。

1 琼·狄迪恩（1934— ），美国作家、记者。2005 年凭《奇想之年》获美国国家图书奖。

巴尔扎克

咖啡重度患者

巴尔扎克

1799—1850

咖啡在我的生活中举足轻重，其作用可以史诗级来论之。

——巴尔扎克《咖啡的愉悦与痛苦》

十六岁的巴尔扎克又向门房下了一个订单。他想要更多的咖啡，这种东西在勒皮特寄宿学校被禁止。但在全是男生的寄宿学校，规则经常是用来被破坏的，尤其在一个有头脑的校役想赚外快的时候。巴尔扎克叫门房帮他偷带咖啡用的是赊账，债务使他最后不得不向暴怒的双亲坦白自己的非法活动。这个叛逆的学生一定会觉得，惹这样的麻烦值得。咖啡对他而言，不是一时的爱好，而将成为他写作时永恒的伴侣。他习惯从夜里工作到白天，中间很少休息，正是咖啡推动着他前进。

最早打算成为一个职业作家时，巴尔扎克二十岁。令父亲失望的是，他选择了这条不合常规的路，而不是在法律界任职。在做了几年低级法律文书后，巴尔扎克认为法律程序令人沮丧。此外，他不想被单调乏味的日常工作束缚。尽管巴尔扎克的父母持批评意见，他们还是愿意支持儿子的抱负，前提是以两年为限。

带着稳定的生活补助，巴尔扎克得以搬进巴士底广场附近的一个阁楼公寓。在这个新地方，不需要干正职，巴尔扎克将全部时间都致力于写作。在这段时间，他继续发展自己对咖啡的喜爱。实际上，除了咖啡，他几乎没什么可用来招待来访者的。1819 年 10 月，他写信给妹妹洛尔·叙尔维尔，问她："你什么时候来看我？你可以在我这里烤火、喝咖啡、吃炒蛋，只是你得带一个盘子来。"

与此同时，巴尔扎克为他的新职业投入了巨大的热情。一放下笔，他就到附近散步，寻找灵感。在一篇自传性质的故事中，他回忆说："我穿得像工人们那样褴褛，不拘礼节，没有引起人们的怀疑。"在这篇故事里，他甚至跟随行人，偷听他们的谈话。这些出行虽然很短，却还是让作为叙述者的巴尔扎克，感觉自己是另一阶层的一分子。他将这种经历形容为"就像一个醒着的人的梦"。

眼看两年期限就要到头，巴尔扎克只剩下几个月来完成诗体悲剧《克伦威尔》，而他的名声，至少小范围内的名声，就靠它了。巴尔扎克打算向家人和朋友朗读这部作品，以证明自己作为作家的能力。所以他日以继夜地写。1820 年 9 月，他写信给叙尔维尔，谈到自己艰辛的努力。这位有抱负的作者借助一个他了解甚深的东西，来解释他对《克伦威尔》的情感。他写道："我对待我可怜的悲剧，就像对待咖啡渣。我预计自己将会从中萃取出什么，让我获得独立。"他显然认为《克伦威尔》会使他走向成功。巴尔扎克完成了这部作品，但从听众那里收到的评价，却是一致认为很蹩脚。尽管如此，他不允许失败使自己泄气。这个意志坚决的作者拿起咖啡壶旁的笔，继续写了起来。

巴尔扎克深夜写作，也许开始是出于遇到最后期限的实际需要。然而，巴尔扎克决定把这一做法变成常态。多少年来，他养成了这样的习惯，夜里上床后几个小时就醒。他的工作时间始于星光依然闪烁之时。当别人在睡觉，他的想象力却在闪烁着火花。

1830 年代，巴尔扎克经常从巴黎退隐到小城萨谢。在这个宁静的环境里，没有了大城市的嘈杂，他能够集中精力写作。他会待在让·德·马戈讷（朋友兼母亲的情人）的城堡里。即使是做客，他也严守作息，晚上十点上床，凌晨两点在闹铃中醒来。他会一直写作到下午很晚，一整天也没别的进食，除了吐司和咖啡。然后，他会放下手头的活，花几个小时与城堡主人及其他客人一起吃晚饭。对于巴尔扎克来说，写作总是优先的，远比社交和睡觉重要得多。这个勤勉的作者相信，“睡得太多会困扰人的心志，使其反应迟钝”。他依靠他钟爱的饮品，来让自己的脑子保持活力。

巴尔扎克每天要喝五十杯咖啡，而且浓度不够还不行。在萨谢的时候，他要花半天时间外出采购优质咖啡豆。他喜欢劲头非常足的土耳其混合咖啡，为了确保强有力的效果，甚至发明出自己的一套做咖啡的方法。按照他的推论，少量的水和更精细的研磨，可以让饮品的效力极其强大。当觉得咖啡的作用在减弱时，巴尔扎克就加大摄入量。而当他需要应急时，便直接嚼生咖啡豆。咖啡有副作用。他承认，是咖啡让他变得“莽撞，脾气暴躁”，变得喜怒无常。尽管如此，他还是选择继续喝咖啡。他就靠此来维持他长时间的工作。他说，“[咖啡]给了我们一种能力，让我们能够从事较长时间的脑力劳动”。

一杯接一杯地，巴尔扎克写着他的《人间喜剧》——由相互连接的故事和小说组成的史诗巨著。在写作时，这位结实健壮的作家，穿着一件不同寻常的衣服：僧袍。白色的长袍以丝绸衬里，用相配的细绳束腰，再加头上戴着的一顶黑丝绸无檐帽，这就是他的全副装备。据叙尔维尔说，巴尔扎克从住在巴士底广场附近的公寓开始，就戴这一款式的帽子。她还说，“我妈妈经常为他制作这种帽子”。

巴尔扎克痴迷于修改，从未停止对自己作品的缝缝补补。伊芙琳·韩斯卡是巴尔扎克的长期笔友，最后成为他的新娘。在创作小说《乡村医生》的中途，这位三十三岁的作家给她寄了一封信。信中写道：“我正处于创作的冲动中，只能说一切都进行得很好。而当作品完成时，你将收到一个人的绝望，他的眼里只能看到它的缺点。”巴尔扎克并不将校样作为快完成的作品那样对待。相反，他把它们当作初稿一遍遍地修改。他的短篇小说《比哀兰特》，便经历了十七个校次。

巴尔扎克手写的初稿在移交给排字工之后，会被排在一张页边空白很宽的大纸上，这样他便有地方做出大量修改。每一校次过后，由于补充的内容远多于删除的内容，他的手稿都会扩展而不是缩水。巴尔扎克的修改在每页纸上，杂乱无序地四处蔓延。满是标记的校样令排字工沮丧又困惑。在那个修改即意味着重新排版的年代，要把巴尔扎克的修改输入进去，非常辛苦费力。事实上，巴尔扎克的印刷商订了一个规则，排字工看他的校样超过一个小时就要休息一下。

巴尔扎克差不多将自己的一生都奉献给了写作。他待在书桌边笔耕的时间，比大多数作家都多。他无止境地投身的结果，就是他的大量作品。1833 年 4 月，在写给叙尔维尔的信中，巴尔扎克说，“一个人在十二个小时内，可以让很多黑字落在白纸上”。而总有一杯像恢复剂一样的咖啡在手边，以帮助巴尔扎克刺激他的突触[1]。对于巴尔扎克来说，要想维持他的不懈计划，灵丹妙药必不可少。即使他的写作工具，也在努力跟上这种近乎残忍的献身。在给叙尔维尔的同一封信里，巴尔扎克说：“可怜的笔！它应该是钻石做的，才不至于这么快就用坏！”

1 即神经元与神经元之间的机能结点。

伴着墨水的饮品

不论是选择茶，还是选择咖啡，许多名作家都发现，一杯合宜的热饮是对写作过程的理想补充。对巴尔扎克来说，咖啡是一种精神的兴奋剂。然而，他并非只在书房喝。巴尔扎克喜欢到巴黎历史悠久的普洛可甫咖啡馆[1]过嘴瘾。伏尔泰——他去世比巴尔扎克出生早二十余年——也曾频繁光顾这里。

伏尔泰喝起咖啡来，与巴尔扎克有的一拼，他一天要喝多达四十杯。对于热衷咖啡的人来说，普洛可甫是个理想的去处。伏尔泰开始频繁出现在这里的时候，已经八十出头。那时，他正在马路对面的一家剧院导演他的戏剧《伊蕾娜》。排练结束后，他会穿过马路，来到这家咖啡馆，坐在他最喜欢的桌子边，一杯接一杯地喝一种风味独特的、加巧克力的咖啡。

本杰明·富兰克林是普洛可甫的另一位著名的文学主顾。他于1776年到达法国，大约同一时间，伏尔泰已然

1 坐落在巴黎左岸的日耳曼大街，建于1686年，与花神、双偶咖啡馆齐名，为巴黎文艺家的聚集地。

成为咖啡馆的一道固定风景。普洛可甫是富兰克林喜欢去坐坐、喝东西、聊天的地点之一。富兰克林去世时，巴黎人为之哀悼，其悲痛之广泛，可见之于普洛可甫咖啡馆，它被黑布遮盖了三天。

乔纳森·斯威夫特也非常喜欢啜饮美味的咖啡，而且喜欢在家里备存他钟爱的饮品，数量似乎还很可观。他的分类账显示，他曾花 1.2 先令买了 7 磅咖啡豆。在给情人海丝特·范霍姆赖——他叫她瓦内萨——的信中，斯威夫特说："在生活中，我所知道的最好信条是，在你能喝到咖啡的时候，你就尽情享用，喝不到，就淡然处之。"尽管斯威夫特被公认是个酷爱喝咖啡的人，但许多学者认为，在给瓦内萨的信中，他提到含咖啡因的饮品，是作为性接触的暗语。

亚历山大·蒲柏对咖啡的使用则完全不同。他会在午夜召唤仆人赶紧做一杯咖啡。这一要求是出于医学目的。他发现，从一杯热咖啡里散发出的蒸汽[1]，对治愈他的头痛有神奇的疗效。除了咖啡，人们还知道，蒲柏在夜里被缪斯女神击中时，会按铃向仆人要墨水和纸。蒲柏这种在工

1 蒲柏生活的年代，欧洲人喝的咖啡都是沸腾过的。

作时间以外的要求，使他和仆人们相处得不是很融洽，因此有了一个难相处的访客的名声。

相比咖啡，其他一些作者会选择茶。西蒙娜·德·波伏瓦就会用一杯茶来作为自己进入白昼的方式。在接受《巴黎评论》的访谈中，波伏瓦承认，她是个不怎么早起的人。她说："一般来说，我不喜欢一天开始的时候。"一杯茶会帮助她从床上来到她的书桌前。喝下一杯热茶后，她就准备工作了——通常是在上午十点左右。

C. S. 路易斯曾经对他的朋友沃尔特·胡珀说："再没有比一大杯茶或者一本厚书更适合我的了。"对路易斯来说，茶是文学完美的伙伴。他更喜欢在阅读或写作时一个人喝茶。在上午工作几小时后，路易斯盼望在他的书桌上会有一杯茶。在自传中，他写道："如果十一点左右，能够喝到一杯好茶或可口的咖啡，那就太好了。"

塞缪尔·约翰逊则不分早晚地喝茶。他是茶的狂热拥护者，一度为了捍卫茶而挥笔攻击乔纳斯·汉韦[1]的《论茶》。在这篇随笔中，汉韦不赞成英国人对茶叶的消费，甚至极端地说，他宁愿叫"啜饮的习惯"终结。在对汉韦

1 乔纳斯·汉韦（1712—1786），英国旅行家、慈善家与随笔作家。

论文的评论中，约翰逊详细地谈到了自己喝茶的习惯，他将自己描述为“一个顽固的、无耻的饮茶者，在二十年的时间里，对饭菜兴趣不大，只对泡饮这种令人着迷的植物感兴趣，以至于烧水壶几乎没时间凉下来。茶为晚上提供了消遣，为午夜提供了慰藉，也使早晨变得受欢迎”。显然，约翰逊是一个忠诚的茶的爱好者，他永远不会放弃他深爱的饮品。

大仲马

感受蓝色

大仲马

1802—1870

秩序是所有问题的关键。

——大仲马《基督山伯爵》

大仲马空手走出一个文具店。令他失望的是，在第比利斯没有一个地方有他急需的那种蓝色大页纸。1858 年夏天，大仲马去俄国参加一个婚礼。婚礼庆典结束后，他花了几个月时间考察东欧，最后，在格鲁吉亚首都第比利斯停留。这时，他的宝贵的蓝色大页纸用完了。数十年间，大仲马都用这种颜色特殊的纸写他的小说。最后，他被迫使用一种奶油色的纸，虽然他觉得颜色的变化对他的小说有消极影响。

这位多产的作者用三种不同颜色的纸来写作：诗流泻在黄色的纸上，文章展开于粉红色的纸上，小说则疾驰在蓝色的纸上。大仲马以惊人的速度工作。他喜欢就自己能否在看似不可能的最后期限前交稿打赌。为了证明自己的写作速度，大仲马曾接受过一个挑战：用三天时间完成长篇小说《红屋骑士》的第一卷。最后，他赢得了赌金，在距离截稿时间数小时之前，超额完成了3375行。大仲马惊人速度背后的一个秘密是，在纸上动笔之前，他让故事情节在内心酝酿很长时间。他说："一般来说，在一本书完成之前，我不会开始。"因此，当他在冲刺般完成一部新长篇时，对于故事的发展，大仲马有一个非常明确的方向。

1844年，大仲马因为报纸连载的两部长篇——《基督山伯爵》和《三个火枪手》——广受欢迎而一夜暴富。他决定用这笔新得到的财富在马尔利港小镇建一宅邸。三年后，"基督山城堡"完工。大仲马声称，宅邸的名字不是他取的，而是一个访客在给她的司机指路时这么称呼它，然后他予以了采用。这座宏伟建筑是文学世界的一次庆典，其雕带上刻凿有整个历史上的伟大才智之士。大仲马这个夸耀炫弄的人，在入口镌刻下这样的话："吾爱爱吾者。"城堡的庭院里养着各种各样的宠物，包括孔雀、猴子、狗、猫，以及一只秃鹫。

大仲马的书房在正房的一边，隔着一段距离。那是一栋两层楼，没什么家具，底层是书房，二楼是卧室。一条小小的壕沟环绕着这座建筑，凸显了其作为文学隐修所或者监狱（如果以它的名字来判断）的角色。大仲马给他的这座小建筑起了个绰号叫“伊夫堡”，《基督山伯爵》中那个可怕的监狱便叫这个名字，其原型来自现实中一座同名的监狱，坐落在马赛港。

大仲马并没有固定的安排，而是每天尽可能挤出更多的时间来写作。所以，在醒来后不久，他的手头就执着一支笔。在办差事和吃饭的间隙，他会在纸上匆匆地写。到了深夜，还可以在书房找到他。似乎一有空闲，他便投身于写作。如果没有其他责任需要履行，或者当截稿日逼近，迫使他在某部书稿上集中精力，他会在一天中写上十六个小时。在这些紧张的时期，饭菜会送到他的书房，以便他能够不间断地写作。

昼夜不停的写作习惯，严重影响了大仲马的健康。间歇热折磨着他，延续时间没几天，但足以阻止他拿起笔。这时他会躺在床上，只喝一些柠檬水，直到身体恢复。一度他还患上了失眠症，向一个叫大卫·格鲁比的巴黎医生求助。格鲁比提出一个特别训练，以帮助引导大仲马起居有常。他叫他的病人早上早点起床，去买三个苹果，并补充说："第一个在凯旋门吃掉，第二个在奥赛码头吃掉，第三个在玛德莱娜广场吃掉，然后步行回家。"这就是医生开出的药方，他叮嘱大仲马每天都要"服用"。

大仲马的工作方式影响到了他的身体。然而，专注与献身也为他在文学上的成功铺平了道路。他一生创作的作品数量令人印象深刻，甚至可以说是几乎不可思议。在十年之中，他完成了七十部小说、戏剧和非虚构。他的著作总计超过三百卷。大仲马是如此高产，以致同时代的有些人怀疑，所有署着他名字的书是否全都出自他本人。事实上，大仲马的确曾请人捉刀，来做历史研究与组织大致情节。所有大仲马的助理中，奥古斯特·朱尔·马盖最有名。他与大仲马合作完成了包括《三个火枪手》和《基督山伯爵》在内的几部著名作品。然而，他们的关系未能持久。因为大仲马未按合同付款，马盖被迫起诉了他。大仲马使用捉刀人一事招来人们经年的批评。不过，许多人仍然是他和他的作品的坚定支持者。萨克雷就曾为大仲马的方法辩护，说："大厨不是也有助手吗？"

萨克雷的比喻与大仲马关于自己写作过程的描述特别吻合，这个描述像一个菜谱。首先，大仲马列举了他的工具："纸（蓝色大页纸），笔，墨水；一张不高不低的桌子。”然后，他给出了一个简单的步骤表：“坐下——想半小时——写下你的题目——然后第一章。”接着，他解释说，一件基本的事情是计算每页的行数，以及每部小说的页数（两部就是两百页，四部就是四百页）。大仲马每次坐下来写作时，不太可能实行这种直截、高效的步骤。而且他之前提到了，每次动笔前，他会花大量时间打腹稿。但不管怎么说，他就像一位娴熟的文学大厨，形成了一个适合他的方法论（和配色方案）。

数字游戏

据说大仲马曾宣称：“我的每分钟都像金子一样宝贵。我花在穿鞋上的时间，相当于五百法郎。”对大仲马来说，哪怕离开书桌一会儿，也意味着产量和收入的明显减少。他是一个写作速度极快的作家。这一点可以从他关于《红屋骑士》的打赌中得到证明。他的一生创作了三百多卷作品。之所以能达到这样的目标，合作者们功不可没。像大仲马这样，每天都要写上一叠纸的名作家还有不少。因为打字机以及后来电脑的问世，有的甚至写得更快。

无论快还是慢，对一个作家来说，每天所写的规定字数可以成为其引以为傲的源泉。威廉·戈尔丁曾在一个聚会上说，他每天写三千字。迈克尔·富特[1]质疑这种说法，在威士忌的刺激下，一场争论随之而来。诺曼·梅勒在他的职业生涯中，也是每天写三千字。考虑到他好斗的性格，任何怀疑论者都可能会持保留态度。阿瑟·柯南·道尔也能达到这些作家的量，不过得是在他最多产的时候。

艾萨克·阿西莫夫的速度则堪称闪电，他每分钟可以在打字机上敲出九十个字，有时甚至一百。以这种速度，仅仅一天，他就能写四千字。雷蒙·钱德勒没有规定自己每天写多少，但他可以一天写五千。钱德勒的散文质量与他的写作速度直接相关。他说："我写得越快，就写得越好。如果我慢了，那就是我陷入困境了。这意味着，是我在推着词，而不是词在拉着我。"

安东尼·特罗洛普[2]极其遵守纪律。他的工作时间始于早上五点半的一杯咖啡。之后的三个小时，他会写新东

1 迈克尔·富特（1913—2010），英国前工党领袖、文人。

2 安东尼·特罗洛普（1815—1882），英国维多利亚时期作家，业余写作但产量惊人，共创作长篇小说 47 部、短篇小说集 12 部以及非虚构 18 部，其中以《巴塞特郡纪事》最为知名。为了能每天早上五点半起床，他每年花五镑请人提供叫醒服务。

西或重读草稿。写作的时候，他强迫自己每十五分钟写两百五十个字。他看着表，追踪着时间和他的创作量，以保持这一速度。

斯蒂芬·金每天写两千字，无论用多长时间，总要达到这个量。与之相似，托马斯·沃尔夫每天不完成一千八百字的目标，绝不停笔。虽然他每天的字数不如别的一些作家多，但他的页数却真的能堆成山。据沃尔夫回忆，他的长篇小说处女作《天使，望故乡》第一稿，有四百万字之多。他说，“其中绝大部分，我是站着写完的。我拿一个旧冰箱顶当桌子”。[1]

约翰·斯坦贝克和 P. G. 伍德豪斯[2]的每日定额，则随着时间的推移而减少。斯坦贝克一度每天写三千字，后来逐渐降到两千。伍德豪斯写作之初的目标是，每天写两千五百字，后来降到一千。格雷厄姆·格林在职业生涯早期，每天写五百字，之后调整到三百，到最后每天只写一百。

---

1 沃尔夫身高近两米，很难找到合适的地方写作。

2 P. G. 伍德豪斯（1881—1975），出生于英国，1955 年入美国籍，被认为是 20 世纪英语世界成就最大的幽默作家，以“万能管家”吉夫斯系列最为知名。

少数作家位于这个数字光谱低的一头。在结束了一整天的工作之后，詹姆斯·乔伊斯自豪地宣称，他完成了两个句子。多萝西·帕克修改得太多，以至于她的量按字数计，是负数。她说："如果没有换七个字，我无法写五个字。"詹姆斯·瑟伯是一个类似的执迷于修改的人。《六号轨道上的火车》他重写了十五次。在他草稿中出现过的词语，只有二十分之一用在了成稿中。在被问及是否嫉妒写得更快的作家时，瑟伯回答说："噢，不，我不嫉妒，但我羡慕他们的好运气。"

雨果

Victor Hugo

软禁

维克多·雨果

1802—1885

[他]进入他的小说，犹如进入一座囚牢。

——阿黛尔·雨果，谈丈夫创作《圣母院驼背》[1]

维克多·雨果的羽毛笔从一页又一页的纸上飞过，他桌子上的一叠纸达到了空前的高度。这位二十八岁的作家为了一本书，已经几个月从早到晚埋头苦干，只在吃饭、睡觉，以及晚上与朋友共度宝贵的时光时中断一下。这些受到严格限制的来访者所谈论的话题，不会远离他正在写的书，因为他们的娱乐经常包括一项活动，那就是由雨果朗读他最新完成的一些篇章。雨果是一个囚徒，以自己的家为囚牢。这是一项自我强加的判决，为的是能按时完成《圣母院驼背》。交稿时间就剩几个月了。如果不能按时完

1 也即《巴黎圣母院》，这是美国版的译名。

成，每迟交一周，雨果就要付一千法郎的罚金。出版商已经两次放宽期限，不会再让步了。

当时，雨果住在香榭丽舍大道附近的一条街，这条街只有他所在的这栋房子有人住。他是在之前的租约到期后，于 1830 年夏天搬到这里的。显然，这里能够远离各种活动，不会有日夜不断的访客。因为他的女房东就住在楼下。秋天，在搬到新住处不久，雨果就静下心来写他手头的这本书——交稿时间是 1831 年 1 月。

他买了一瓶新墨水，以便为接下来马拉松式的努力做准备。但是，要想做到画地为牢，还需要更多极端的措施。雨果不得不放弃他所钟爱的夜间散步。这是一个巨大的牺牲。为了避免任何外出的诱惑，他将他的衣服锁起来，除了一个灰色大披肩。他买了一件一直可以到达脚面、只适合在室内穿的针织衣服。几个月的时间里，它就充当了雨果的制服。

1830 年 9 月，在给朋友维克多·佩维的一封信中，雨果谈到了自己的写作进展。他写道：“我深陷在《圣母院》中。我写了一页又一页，主题在我面前生长和延伸，其范围如此之广，以致我无法确定我的手稿堆起来会不会有塔楼那么高。”显然，自我孤立保证了雨果的写作效率。

尽管实际上是将自己锁在室内，雨果却并没有完全自我封闭。通过一扇打开的窗，他与外面的世界保持着有限的联系。无论季节怎样变化，他的窗户总是开着，即使在寒冷的冬天。9 月，他看到住户稀少的居民区里，树叶变色。1831 年 1 月初，他还在写这本书，朝外面看，发现北极光正在夜空闪烁。一周后，他完成了这本书，比截稿日期早几个星期。为了写这本书，雨果用完了一整瓶墨水。虽然他在心里想了个巧妙的书名——《出自一瓶墨水》，但最后还是敲定为《巴黎圣母院》(为了突出故事中的驼背，美国版重新取名)。

如果没有一个像这样严格的截稿期，雨果经常会在夜里沿着巴黎的街道散步，一边在心里草拟诗歌、对白和散文。他是个大胆的步行者，甚至在香榭丽舍附近遭到扒窃之后，依然习性不改。三十年后，在离开法国之后，他仍然喜欢一边散步一边工作。

1855 年，雨果搬到格恩西岛，该岛虽然靠近法国海岸线，却是英国海峡群岛的一部分。从 1851 年拿破仑三世上台之后，雨果就过起了流亡生活。在他选定的这个国家，雨果买了一栋旧宅邸。房子的内部设计花了他很大力气。每个房间都被装饰得精美别致。

在格恩西度过的十五年，雨果的成果丰硕。史诗般的长篇小说《悲惨世界》，便是在这段时间创作的。在这座被他称为“奥特维尔之家”的大宅里，他保持着不变的工作规程。每天早上，很早醒来，用冷水洗过脸后，一连写上好几小时。写完之后吃午饭，然后花几个小时运动。他的养生法之一，就是一阵高强度的跑步后，在大海里裸泳。

雨果的书房坐落在“奥特维尔之家”的第三层——他戏称为“瞭望台”。因为三面墙都带窗户，还有一个玻璃天花板，所以视野极好，周围的风景尽收眼底。附于墙上的一块木板权当书桌。雨果想写作时，就放低这块板子。它的位置正好可以让雨果在记一些东西的时候，站着面朝海洋。

不过，雨果绝大多数时候都会离开书桌构思他的作品。记者莫里斯·莫里斯曾在格恩西岛拜访过雨果，他如此描述这位作家动态的创作过程：“甚至在屋子里，他都经常来回走动，像一头被关在笼子里的狮子，偶尔停顿一下，或是到桌前写下突然出现在脑海中的想法，或是到窗前，那里无论天气是冷是热还是下雨，总是打开着。”显然，雨果在移动中，思维更加活跃。无论在室内还是户外，随着身体每走一步，他便朝故事、戏剧或诗歌的下一行前进一点。

将风景织成词语

纵观历史，名作家们都会去户外“冒险”——去野外，或者上城市的街头。远离书房与办公室，在行走中，他们会生出一些新想法，这些想法随后会被他们写到纸上。

在随笔《徒步旅行》中，罗伯特·路易斯·史蒂文森赞美了远足的价值。他发现远足非常有助于激发灵感。他写道：“这个快步行走的人，眼中透着敏锐的神色，全然专注于他的思想，仿佛正站在他的织布机前，不停地织啊织，将风景织成词语。”然而，他澄清道，“我不赞成跳跃和奔跑”。在他看来，人在徒步时，步调应当始终如一。史蒂文森认为，不规律的行走速度，会使注意力分散。1876 年 8 月，也就是在发表这篇随笔两年后，他徒步穿越法国南部的塞文山脉，为期十二天，共跋涉一百二十多英里。这期间，他唯一的伴侣是一头被他叫作“慕德斯婷”（Modestine）的倔驴。就步调而言，他并没有跳跃与奔跑的危险，最大的挑战之一，倒是保持正常的行走速度，因为他身边的这头驴子走得很慢。史蒂文森的旅行被他写成了回忆录《带着驴子在塞文山脉旅行》。

梭罗曾说，散步是一种高贵的艺术，鲜有人掌握。梭罗在步行中获得了大量灵感。他同样赞赏华兹华斯，后者也热衷此道。据梭罗说，华兹华斯的仆人有一次把一名访客带到诗人的书房，不过又指出，“他的书房在户外”。托马斯·德·昆西曾估算，华兹华斯一生所走的路大约有十八万英里。尽管没有地图呈现华兹华斯走过的路线，但有他的诗歌为之提供文学上的里程碑。在乡间漫长的远足中，华兹华斯创作了大量韵文。

罗伯特·弗罗斯特经常隐退到荒野。在斑驳的树荫下，他能独自走上好几个小时。早在上大学时，弗罗斯特的同学就取笑他从校园里消失的习惯。当他们探问他，在这些孤独的远行中，他都干了些什么，他回答说：“我啃树皮了。”

还在牛津大学做学生时，阿道司·赫胥黎就有半夜一连散步几小时的习惯。每当情绪低落，这种夜间活动总是能帮助他振作精神。他说：“在风中、在月光下待个把小时后，一个人想要感到沮丧是不可能的。”多年以后，他仍然坚持散步。赫胥黎的日常生活是很好预见的。他将他的时间分为写作与散步两部分。上午他写作，午饭后离家去爬好莱坞山，探索几个小时加利福尼亚的风景，然后回家。

狄更斯经常被迫行走。在伦敦街头，认出狄更斯的行人会以为他有紧急的约会迟到了，因为狄更斯的步调特别引人注目，每小时达到 4.8 英里。他就像拉链被拉开一样，从悠闲的散步者和步履轻快的行人中穿过。狄更斯这么做，是被创作的火花推动，而不是因为需要到达某个目的地。每当陷入创作的困境，他便这么大步流星地走。狄更斯给他的朋友约翰·弗罗斯特写信说 :“如果不能快步地走很远，我就要爆炸和毁灭。”

叶芝经常被创造力的迸发所包围。这时诗人会快速穿过城市的街道，如同一阵龙卷风。他一边挥舞着手臂，一边喃喃自语，沉浸在冥想中，以至于忘了身外的世界。瑞典大使埃里克·帕姆斯蒂纳是叶芝的朋友，有一次在伦敦外出时认出了诗人。处于狂热创作中的叶芝，不知不觉地吸引了一群人。在帕姆斯蒂纳轻柔地拍了一下之后，诗人才停下来。

无论在乡间还是城市，弗吉尼亚·伍尔夫都喜欢走很长的路。外出走动时，她经常能获得灵感。1932 年末，在伦敦闲逛时，她发现自己陷入创造性的失控中。在这一年 11 月 2 日的日记中，她写道 :“当我走上南安普顿路，我置身于迷蒙、梦境和陶醉之中，一句句话借我的嘴说出，一幕幕场景在我眼前呈现。”这个在想象的迷雾中抓住她的故事，最终发展成长篇小说《岁月》。

因为不会开车，华莱士·史蒂文斯步行去上班。他在哈特福德意外事故保险公司当副总裁。从他的家门口到公司的办公室，大约有 2.5 英里的距离。在上下班往返的路上，史蒂文斯写诗。有一次接受《纽约时报》采访，他说，“在我能全神贯注的时候，我写得最好。而在我走路的时候，我最能做到全神贯注”。史蒂文斯把他的诗记在纸条上，到了办公室，就交由秘书打出来。

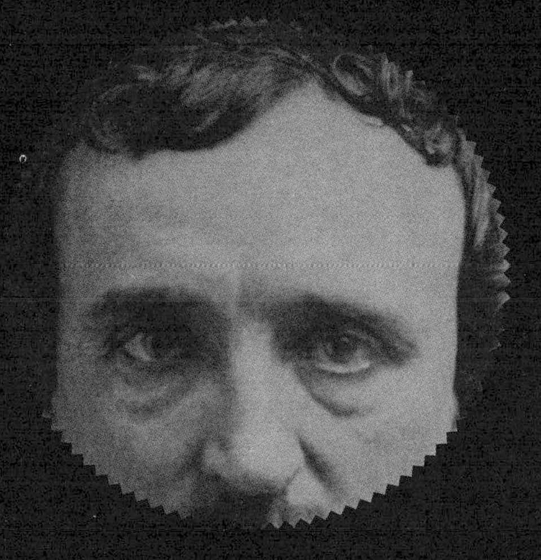

爱伦・坡

Edgar A Poe

神秘的尾巴

埃德加·爱伦·坡

1809—1849

一连几个月，我都无法从这只猫的幻影中解脱。

——爱伦·坡《黑猫》

1848 年冬天，爱伦·坡被创造的狂乱所鼓荡。那时他正在创作一篇名为《我发现了》[1] 的随笔，探索“物质与精神宇宙”。在坡写作时，家里养的一只名叫卡特琳娜的大斑猫，充当他深情的文学守护者。

那时，坡住在布朗克斯的一座小屋子里。1847 年秋天，有人曾顺便造访过这个古怪的家，据访客说，在坡的写作间，卡特琳娜是不可或缺的存在。有时它会匍匐在主人的大腿上，有时它会高踞于主人的肩膀。在那里，它看着一页页的纸，被坡用灰色或黑色的墨水占领，“发出呼噜声，

1 Eureka，即传说中阿基米德根据比重原理测出希罗王王冠所含黄金的纯度时发出的惊叹语。

好像为主人在［它的］监督下工作而感到得意”。

卡特琳娜并不是坡写作时唯一的伴侣。一年前，坡失去了年轻的妻子弗吉尼亚。弗吉尼亚的母亲玛利亚·克莱姆曾与爱伦·坡夫妇一起生活多年。在女儿去世后，她仍与坡住在一起。在坡的生命中，克莱姆是一个慈母般的存在。遇到创作困境时，他经常从她那里寻求一些情感上的支持。克莱姆夫人曾说：“他从不喜欢一个人待着。”她会陪坡去花园散步，那里成排种着果树。在散步中，坡会热情谈起他手头正在写的随笔。而如果充满强烈的灵感，坡会在书桌前度过许多个小时，不知疲倦地从夜里一直工作到凌晨。这时克莱姆夫人就在一旁陪着。她坐在一把椅子上休憩，眼睑随着时间流逝而下垂。看起来她的在场对于这位作家，是一个巨大的安慰。

坡与他的两个写作伙伴一起生活了很久。卡特琳娜进入作家的生活是在 1839 年。那时，坡与弗吉尼亚，还有克莱姆夫人生活在费城。传记作家赫维·艾伦曾描述卡特琳娜怎样“在还是小奶猫时，卧于克莱姆太太宽平的大腿上，发出咕噜声”。这只猫咪很快成了坡家里光荣的一员。

在爱伦·坡的小说《黑猫》中，叙述者被一只宠物猫搅得心神不安，以至于后来凶残地虐待它。与他笔下的这个残暴的人物不同，坡对宠物很温和，甚至是溺爱。他与卡特琳娜建立了一种非常特别的关系。午夜时，如果猫要进来或出去，坡会尽职地从床上爬起来。而当坡外出时，卡特琳娜会因为想念他，拒绝进食。

1844 年 4 月，坡与弗吉尼亚搬到纽约。克莱姆夫人与猫则留在后面，等找到适合一家子住的地方，再搬过去。到了这座大都市后，坡给岳母寄了一封信，说“因为你和卡特琳娜不在，茜茜［即弗吉尼亚］昨晚哭得很伤心”。他还描述了他们临时住的寄宿公寓提供的丰盛而可口的食物，期待岳母和猫一起过来。他补充说 :“我希望凯特［指猫］能看到这些食物——它大概会晕过去的。”不幸的是，因为坡收入微薄，一家子住不起这么好的公寓。他们选了个更便宜的地方，在这一年晚些时候才团聚。不过到了冬天，由于弗吉尼亚身体衰弱，他们又决定搬回布朗克斯。

他们在布朗克斯的小木屋，周围都是农场。坡希望乡间新鲜的空气，能帮助弗吉尼亚从结核病中恢复。但他只是个在困境中挣扎的作家[1]，没什么钱，不能为生病的

1 1845 年发表《乌鸦》之后，坡名声鹊起，但这篇小说只给他带来九美元，之后又因涉嫌指责大诗人朗费罗抄袭而陷入争议。

妻子提供任何奢侈。弗吉尼亚睡在一个简朴的麦秸床上，盖着坡的一件旧大衣。卡特琳娜蜷卧在弗吉尼亚的胸口，提供了它力所能及的帮助——体温。玛丽·戈夫·尼科尔斯曾在这段时间去过一次布朗克斯，她写道：“除了丈夫为她捂手，母亲为她暖脚，外套和猫是病人仅有的温暖。”1847 年 8 月，弗吉尼亚去世后，坡与克莱姆夫人以及他们的猫，继续生活在布朗克斯。尽管深陷悲痛，但有卡特琳娜在肩、克莱姆夫人在旁陪伴他，坡还是坚持写作。

在这个小木屋中，坡或者在斜坡屋顶下的阁楼，或者在舒适的起居室写作。他的书写非常工整。实际上，审读过爱伦·坡手稿的人，经常会谈到他一丝不苟的笔迹。乔治·格拉哈姆在以自己名字命名的杂志上，发表过坡的不少文字。在他的描述中，坡“游走于一个又一个出版商，带着仿佛是印出来的精美手稿，它们有着谨慎的干净，被巧妙地卷成筒状”。坡的定稿先是写在单独的纸页上，写完后用封蜡粘在一起。一页纸的最后连着下一页的开始，这些纸就连成了长长一片。整个文本就卷成了一个紧凑的纸卷。当坡要朗诵他的作品时，他就做出这样一个纸卷。坡穿着讲究，最常穿的是一身纯黑套装。穿着具有标志性的衣服，站在听众面前，他开始了。随着故事或诗的进展，他会听任纸卷垂落到地上。

滚动

像爱伦·坡一样，杰克·凯鲁亚克对纸卷情有独钟。不过，坡是在写完之后再做成纸卷，而他的方式则不同。1951 年，凯鲁亚克一口气在一张纸上写完了《在路上》。他计划写这本书有段时间了，而且在之前做记者的那些年，做了充足的笔记。

他断定，一张极其长的纸才能完美地适合他的计划。所以在写之前，他先将纸页粘起来，装进打字机，然后用了三周时间，在打字机上敲出这部小说。纸卷使得凯鲁亚克能够保持一个快捷的速度，不用在每页纸用完之后停下来装纸。

小说完成后，凯鲁亚克得意洋洋带着这长长的一卷纸[1]

1 有 120 英尺长，约为 36.6 米。

去见他的编辑，哈考特与布雷斯出版社的罗伯特·吉鲁[1]。吉鲁回忆说，“[凯鲁亚克]抓着纸卷的一头，把稿子摊开在我的办公室，在我的桌子和其他东西上”。令凯鲁亚克沮丧的是，吉鲁关注的是这个不同寻常的包装。他问：“但是杰克，在这样的手稿上你怎么修改呢？”他说，“杰克，你知道你不得不将它剪开，它需要编辑”。凯鲁亚克一气之下离开了办公室。凯鲁亚克的代理人斯特林·洛德花了好几年时间，最终在维京出版社为这本书找到归宿。

1 美国20世纪最伟大的编辑之一，一生为七位诺贝尔文学奖得主做过编辑。其职业生涯有两大遗憾：一个是塞林格的《麦田里的守望者》因为老板反对，痛苦地放弃；另一个便是《在路上》，因为自己过于拘泥形式，而失之交臂。

狄更斯

旅行的书桌

查尔斯·狄更斯

1812—1870

昨天享用食物之前，我极有兴味地把我的写字桌收拾整齐，对家具的布置大体做了番改进。

——狄更斯在到达布罗德斯泰度假胜地后，给约翰·福里斯特的信

1846 年 6 月，一个寄给查尔斯·狄更斯的箱子抵达瑞士洛桑。箱子里装着各种不拘一格的小雕像：两个铜制的、浑圆的癞蛤蟆，被定格在剑斗高潮结束之时；古怪的卖狗人被他的小狗围着，也是铜制的；一个在树叶上保持平衡的小兔子。除了这个迷你型的小动物园，里面还装着一把裁纸刀、一个绿花瓶、一本台历、蓝墨水，以及一些羽毛笔。在着手写他的小说《董贝父子》之前，狄更斯需要所有这些物品都摆放在正确的地方。

对于这些安坐在写字桌上的装饰品，狄更斯有着深深的依赖。他的儿子将它们描述为某种“在写作的间隙，供

他的目光停靠”之处。从这熟悉的情景中，他找到了创造的安慰。所以这套珍贵的组件一到，狄更斯就在书桌上摆好它们。随着舞台布景到位，他终于可以动笔写有关董贝家的故事了。

无论在哪儿，外出还是居家，狄更斯都会调整周围的环境，以适合他的需要。他要求他的书房在每个地方都有同样的设计，而且这种偏好不限于书房。每到一个新地方，他会在入睡前安排好一切，从家具到行李。伊莱扎·林恩·林顿回忆说，狄更斯甚至连床的朝向都特别讲究，一定要是南北朝向。她说，“他以一套有关地电流和正电或负电的论证来支持他的异议。它可能只是一个幻想，但对他来说，足够真实”。

狄更斯在家里很强调秩序。对于有着十个孩子的他来说，这并不容易。在很少的情况下，他才允许自己的私人空间被打扰（见第 102 页）。狄更斯的书房总是纤尘不染，但他对干净的需求遍布整个家中——狄更斯每天都要检查孩子们的房间。

他保持着不变的写作惯例，每天从上午九点写到下午两点。在这段时间里，他希望能够享有全然的安静。他更喜欢使用蓝墨水，但他的选择不是基于颜色偏好，而是因为有一种特殊的蓝墨水比其他颜色干得更快，这意味着他可以省掉用吸墨纸吸墨这件麻烦事。下午，狄更斯通常会出去走一走，不是漫步；他的步子相当快。

虽然狄更斯喜欢带着书房旅行，但有时他只是需要逃避。成名作《匹克威克外传》面世时，狄更斯不在伦敦。所以他决定，为了图个吉利，以后其他作品首版那天，他要不在城里。如果一个朋友顺道上门拜访，祝贺他新作问世，很可能狄更斯正远离城市，希望再一次撞上好运。

长羽毛的缪斯

狄更斯对鸟迷得不行。他有一只会说话的乌鸦，名叫格里普。狄更斯很钟爱这只喜欢搞恶作剧的鸟。它经常大喊“哈喽啊，老姑娘”，或者“我是个魔鬼”。后来，狄更斯以这只宠物为原型，在小说《巴纳比·拉奇》中描绘了一只同名的、饶舌的乌鸦。爱伦·坡认为，狄更斯本可以更好地利用这只会说话的鸟。坡在评论《巴纳比·拉奇》时说，“[格里普的]叫声在戏剧发展过程中，本可以具有预言的性质”。如此评断，使许多学者相信，格里普是爱伦·坡最著名的诗——《乌鸦》的灵感来源。

弗兰纳里·奥康纳也从鸟身上汲取灵感，不过她的鸟长着完全不同的羽毛。在还是孩子时，奥康纳就有一只能够倒着走的鸡，这一才能使她出现在新闻影片的片段里。奥康纳有各种禽鸟：鸡、野鸡、鸭子、火鸡、鹌鹑……还给其中一些起了名字。不过，孔雀才是她真正的激情之所在。二十多岁时，奥康纳曾邮购过六只雄孔雀、一只雌孔雀和四只雏孔雀。它们一下子就迷住了她。最终，有四十只孔雀像炫耀一般，昂首阔步在她的安达卢西亚农场上。这些引人注目的生物，也出现在她的小说里。她还专门为它们写了随笔《众鸟之王》。

在自传中，叶芝曾写到乔治·摩尔对一只乌鸫的强烈情感。摩尔住都柏林时，每天凌晨，这只鸟会停在街对面的花园，为他唱小夜曲。摩尔让公寓的窗户开着，以便能一边写作一边享受乌鸫的歌声。从某个时候起，摩尔开始担心起这位长着翅膀的朋友的安全。摩尔的邻居养了一只猫，它可能会将乌鸫当作一顿美餐。起初，这位忧心的作家只是朝这只猫扔石头。之后，他更进一步，安了个捕捉器，想逮住这个讨厌的家伙。最后，摩尔的邻居向当地防止虐待动物组织举报了他的这种对待猫的古怪行为。摩尔告诉叶芝，他没有抓住猫，却意外地捕获了那只鸟。关于这次诱捕，叶芝虽然相信摩尔所讲的绝大部分，却还是写道："这个故事剩余的部分让我充满怀疑。"

鸟并不必然都是友好的。富有攻击性的海鸥，会把人类作为目标，给其带来恐惧。有一次达芙妮·杜穆里埃[1]步行去康沃尔的一个农场，在路边，她看到一个人在田里耕地。一群饥饿的海鸥聚集在这个人的头顶上方，在他干活的时候，朝他俯冲猛扑。这一幕启发杜穆里埃创作了短篇小说《群鸟》（希区柯克的同名电影便是据此改编，不过故事发生地从康沃尔搬到了加利福尼亚）。

1 达芙妮·杜穆里埃（1907—1989），英国作家。长期居住在英国西南部的康沃尔郡，并以此地为背景创作小说，著有《蝴蝶梦》《牙买加客栈》等。

伊迪丝・华顿

纸质地形

伊迪丝·华顿

1862—1937

真正的独创性并不在于新的风格，而在于新的目光。这种新的、个人化的目光，只有通过足够长久地凝视所要再现的对象，使之化为作家一己之所有，才能达到。

——伊迪丝·华顿《小说写作》

伊迪丝·华顿的家如同梦一般，那是一座坐落在马萨诸塞州莱诺克斯山顶的宅邸。房子的设计，从最初的设想到最后的修饰，她都全程监督。1903 年至 1911 年，华顿住在这座气派的建筑里，这个被她视为“第一个真正的家”。华顿经常邀请一些客人做客，包括文学界的精英朋友，像作家亨利·詹姆斯。客人在她的家里，早晨不必匆匆忙忙。从这座被合宜地称为“山峰”的宅邸，可欣赏到诸多美景。

这个令人印象深刻的家，拥有一个设计巧妙的花园，其间花床开满各色花朵，树篱和草坪修剪得无可挑剔。月桂湖在东边闪耀。伯克希尔山[1]渐渐消失在远处。早餐会送到客人的房间。要是客人有任何疑问或需要，只要按一下按钮，仆人就会来。亨利·詹姆斯将“山峰”形容为一个“舒适至上”的地方。而在早晨的这几个小时，房子的主人会躲在二楼一个最私密的房间，而且毫无疑问，她还在床上。

华顿一般会在玫瑰色的床罩下度过她的早晨，但不是在睡懒觉浪费时间——她在写作。在这几个宝贵的小时里，很少有人被准许进入作者的房间，华顿的朋友盖拉德·拉普斯利是其中之一。据他回忆，华顿会穿着丝质睡衣，戴着相配的睡帽，坐在床上，“一只狗静卧在她的左肘下，床上散落着信件、报纸和一些书”。华顿将书写板放在膝盖上，以便写作。一个墨水瓶放在旁边，尽管放在那儿随时可能掉下来。就这样，坐在舒适的床上，华顿写自己所属的那个上层社会的故事。

在“山峰”的楼层平面图上，华顿花了大量力气。从

---

1 又译为伯克夏山，为美国阿帕拉契亚山脉的一部分，其最高峰海拔为 1064 米，也是马萨诸塞州的最高点。

小她就对室内设计充满热情，所以很自然地，她对鼓捣自己的房子有强烈的兴趣。事实上，在转向写小说以前，华顿就与小奥格登·科德曼合写过《住宅装潢》。华顿选择了二楼最偏、最安静的房间做她的卧室。她的丈夫特迪睡在隔壁，极少与妻子一起过夜。很显然，同床共寝会引发华顿的哮喘。这段婚姻从一开始就面临问题，而当特迪患上心理疾病，便完全解体。华顿在“山峰”的床不是用来相伴，而是用来独处的，在这里她可以平静舒适地写作。

在《小说写作》一书中，华顿谈道：“产生于一处风景、一条街道或一所房子的印象，对于小说家来说，都应当成为一桩心灵史事件。”华顿似乎也将这句话自反地运用于小说的风景，将之形塑成纸质的地形。她用蓝色墨水在浅蓝色的信纸上写作，十分仔细地修改她的文章，直到难以阅读。这时，她会在纸条上对某些章节予以重写，再将纸条粘在字迹难以辨认的部分。或者，她会把某一页剪成很多纸条，然后将之安排到另外的纸上。每一页上纸条的起伏，都标志着她的散文的进展。

华顿每完成一页，就会将之丢在地上。等这一天晚些时候，一个仆人会飞快进入房间，捡起散落在地上的纸张。之后，秘书安娜·巴尔曼会将这些手写的散文打出来。然而，打字稿还不是定稿。华顿会一遍又一遍地润色，直到她感到可以寄给出版商。

巴尔曼并不是一开始就作为华顿的秘书。她原先在纽约给十二岁的华顿当家庭教师。年轻的华顿是一个热情的学生，被各种文学样式所吸引。她还是个孩子时，就已经开始提笔写自己的故事。她在棕色包装纸的空白处创作。这种纸是家里的仆人们拿来回收利用的。

显然，华顿的家人对她的文学抱负并无热情。华顿在她的自传《回顾》中，曾写到家人对她写作的消极反应。一些传记作者发现，华顿有神话她的生平事迹的倾向。譬如，华顿声称她小时候被禁止读小说。然而华顿的不少家庭成员，包括她的父亲，都会把小说作为礼物送给她。这一事实与华顿的话相抵触。不过我们似乎可以说，华顿家里对她的写作至少有一定程度的抵制。她生动地回忆了一个有关她母亲卢克丽霞的小故事。在这个故事的开场，有人提及华顿客厅的凌乱。她母亲并没有以赞美作为回答，而只是说，“客厅总是得整齐”。华顿的母亲可能并不赞成她在文学上的野心，但在巴尔曼那里，年轻的小作者得到了由衷的支持。

1885年，华顿嫁给特迪，巴尔曼一同跟了过去。在这个新家庭里，巴尔曼扮演着秘书的角色，除了帮华顿打文稿，还做一些其他的事。1890年5月，华顿匆匆给巴尔曼写了一封热情的信。在信中，她说："几天前，我发给斯克里布纳出版社一个小故事——我第一次尝试发表散文——令我惊奇的是，它竟然被接受了。这不是一个令人愉快的开始吗？"《曼斯蒂夫人的视野》这篇故事，标志着华顿作为一个虚构作家生涯的开始（在此之前，她已有诗歌成功售出）。而在华顿的整个职业生涯中，巴尔曼始终追随她，用打字机帮她打了许多作品，包括《欢乐之家》和《伊坦·弗洛美》。华顿有许多不同的家，遍及世界，从纽约、曼彻斯特到伦敦、法国，无论她去哪里，巴尔曼都陪伴左右。在巴尔曼为华顿做了二十年的秘书之后，她们的工作关系才告结束。巴尔曼日益衰退的健康阻止她继续做下去。此后，还有三位女性做过华顿的文学秘书，她们分别是：多莉·赫伯特（时间很短）、珍妮·杜普拉特，以及珍妮·弗里德里希。

华顿主张，独创性"只有通过足够长久地凝视所要再现的对象，使之化为作家一己之所有，才能达到"。这种长久的凝视，对华顿来说，不是一个消极的行为。她发展出了她自己的方法，以重塑眼中的对象。依偎在舒适的床上，华顿创作她的散文——写、重写、删减、粘贴，用这种方式构建一个虚构的世界。

明亮的眼睛

许多大作家，和伊迪丝·华顿一样，在太阳升起时写作。雷·布拉德伯里称："无论什么时候，只要我的潜意识发出大声的喊叫，叫我起开，我就开始［写］。"虽然也要靠突如其来的灵感，布拉德伯里仍然确保每天上午九点就坐下来工作。

那些早晨很早就起来工作或者晚上工作到很晚的名作家，会有一些共性。菲利普·罗斯回忆起乔伊斯·卡罗尔·欧茨对作家们及其工作时间表的一个观察。欧茨说，当作家们询问彼此的作息规律时，他们真正想知道的是，"他像我一样疯狂吗？"罗斯补充道："我不需要回答这个问题。"但是，一个不同寻常的时间表并非必然是一个疯狂的选择。许多作家都要使自己的注意力完全集中在写作上。于是，最好的写作时间就是大多数人都睡了的时候。

因为这时不会像白天那样，有数不清的事情突然闯入他们的生活，叫他们分心。

对一些作家来说，早晨是唯一切实可用来写作的时间。作为一个年轻的妈妈，托妮·莫里森在她的孩子们醒来之前写作。“在开始天亮之前写作是一种需要”，她说。但是后来，当她不再被白天的正职或者做母亲的责任所限制，莫里森发现，早晨仍然是最适合她工作的时间。她论道：“太阳下山之后，我就变得不是很机敏、诙谐、富有创造力。”

对于莫里森来说，她的写作过程必不可少的一部分，是见证黑夜向白天的演变。每个早晨，在开始写作之前，她一边看着初升的旭日，一边喝着咖啡。她说，“我意识到，对我来说，这种仪式里包含着我进入一个——我只能称之为非世俗的——空间的准备”。

凯瑟琳·安妮·波特[1]也更喜欢在早晨创作，尤其因为这是一段如此宁静的时间。在谈到这一点时，波特解释说：“我不用对任何人说话，不用看到任何人。完美的沉默。”

1 凯瑟琳·安妮·波特（1890—1980），美国小说家，以短篇小说著称，著有《愚人船》等。

对于华莱士·斯特格纳[1]来说，将一天分成上午写作和下午做其他事很重要。将整个上午分配给写作，斯特格纳就有了足够的时间让他的小说气球进入现实。他写道："我不知道有什么办法能让自己坚信，且继续坚信一部小说的实在和价值，除了每天上午来到写作的地方，在椅子上落坐。"

出于这样或那样的原因，许多作家在上午找到了创造的慰藉。这里有一份对作家们"打卡上班"时间的综述，从早起者到晚起者依次排列。

凌晨四点：西尔维娅·普拉斯

凌晨五点：杰克·伦敦、托妮·莫里森、凯瑟琳·安妮·波特

凌晨五点半：安东尼·特罗洛普、冯内古特

早上六点：W. H. 奥登、格雷厄姆·格林、海明威、雨果、纳博科夫、伊迪丝·华顿

早上七点：歌德

1 华莱士·斯特格纳（1909—1993），美国小说家、环保主义者，以《安息角》获1972年普利策奖。

早上八点：弗兰纳里·奥康纳、华莱士·斯特格纳

上午九点：雷·布拉德伯里、C. S. 路易斯、托马斯·曼、马尔克斯、托尔斯泰、戈尔·维达尔[1]、伍尔夫

上午九点半：卡森·麦卡勒斯

上午十点：毛姆

1 戈尔·维达尔（1925—2012），美国文人、公共知识分子，卡波特的冤家对头。

普鲁斯特

Marcel Proust

以软木为盾

马塞尔·普鲁斯特

1871—1922

我从不知他睡多少个小时，甚或到底睡不睡觉。只有他房间的四面墙知道。

——塞莱斯特·阿尔巴雷，普鲁斯特的女管家

1914 年 9 月，马塞尔·普鲁斯特告诉他的女管家塞莱斯特·阿尔巴雷，他们不会有另一次度假。在法国北部的滨海度假小镇卡布尔，他们待了一段时间，便回到巴黎。第一次世界大战刚刚开始，这位作家借战争来谈论他在文学上的努力："士兵们尽着他们的职责，既然我不能如他们一般战斗，我的职责便是写我的书，做我的工。我没有工夫干别的事。"阿尔巴雷认为这是一个转折点，"当他有意过起部分隐居的生活"。在阿尔巴雷的描述中，"部分"是个关键词。虽然普鲁斯特经常被描画成一个足不出户的作家，但他偶尔会出去。然而更多时候，他选择把自己孤

绝于卧室。他夜里写作白天睡觉，时间的倒错使得他进一步抽离于世界之外。

《追忆似水年华》(一开始被英译为《回忆往事》)是普鲁斯特认为自己有责任写出的多卷本小说。第一部分《在斯万家那边》1909年开始动笔，1913年才终于出版。甚至在这时，普鲁斯特已经有了作为一个文学隐士的名声。在该书出版后不久的一次采访中，他讲述了隐居的生活方式给他带来的创作上的好处。他说，“黑暗、静谧与孤独，如同沉重的斗篷披在我肩上，迫使我在自身之中再造所有的光、所有的音乐，自然的妙趣、交往的欢愉”。

普鲁斯特的隐居之处，位于巴黎车水马龙的豪斯曼林荫大道。1906年至1918年间，他住在102号的二楼。在深爱的母亲谢世之后，他无法忍受在双亲亡故的房子里继续住下去，遂搬到叔父名下的这套公寓。家庭的温馨对这位多愁善感的作家有着吸引力，然而也没有什么比这更有害于普鲁斯特的健康和写作习惯。九岁时，普鲁斯特得过一次严重的哮喘。因为他的身体条件，他试图避开灰尘和行道树播扬的花粉。

在白天，普鲁斯特的窗外是来往的行人。汽车和四轮马车在鹅卵石路上发出声响。被种种骚动激荡起来的尘埃与喧哗，渗入公寓大楼。在失眠多日之后，他设法将房间改造成一只茧，以摒绝所有的声音、光线和污染物。百叶窗、双窗格窗以及严实的蓝绸窗帘，皆充当普鲁斯特的保护层，以防止任何刺激进入他的卧室。事实上，整套公寓都深掩着。普鲁斯特只允许阿尔巴雷在他外出时开窗。为了确保更大的孤独，他甚至决定连电话也摘掉。在这个密封的空间里，没有一丝光线的游离，没有尘埃颗粒，会去打扰这位在白日入眠的作家。

然而噪音完全又是另外一回事。普鲁斯特被闯入他房间的声音折磨得不行。他的朋友安娜·德·诺瓦耶给他提供了一个实用的、尽管有些偏门的解决办法：软木！她在自己卧室的墙上便衬了软木，用来消除外面的噪音，然后发现这一招挺灵。所以他听从了她的建议。1910 年，他将卧室的墙壁和天花板都覆上软木板。然而，他并没有像诺瓦耶那样，在嵌镶板上贴上壁纸，久而久之，软木层便变黑。

有时普鲁斯特会去访友，或者在丽兹酒店吃饭，但他的大多数夜晚都是窝在卧室里。卧室里摆着许多写作工具和资料，以及各种家庭纪念品，从他母亲的大钢琴和橱柜，到照片和更小的物件。普鲁斯特的床塞在角落里。他会倚靠在床垫上，用一层层的毛线衫缠绕着肩膀，然后开始写作。身边的三张桌子上，备着笔、墨水和笔记本，他只用金属笔尖可更换的简易木钢笔。他把稿纸放在膝头，借着床头灯低低的光亮，头顶上的枝形吊灯几乎不用。从夜晚到早上，当热闹的城市消停下来，普鲁斯特的笔在纸上刷刷忙碌起来。

阿尔巴雷也不得不改在夜间工作，她将之形容为“颠倒的生活”。她在普鲁斯特家待了十年，遵从他的作息时间，将公寓收拾得井井有条。她给他端来羊角面包、冒着热气的咖啡（从不让他喝冷的），将散落在床上的稿纸归置好，照顾他的所有需求。

普鲁斯特会一遍遍地重写。每次重读自己的作品，他会觉得有些东西需要改动或补充。他这样跟阿尔巴雷解释道：“我想让我的作品成为某种文学的大教堂。这也就是为什么它从未完成。甚至当结构已完成，也总是需要进行某些装饰，开一扇彩绘玻璃窗，提供一个柱顶，再造一座小礼拜堂，在角落里放一尊小雕像。”对细节一丝不苟的他有时会开启研究之旅，为了近距离地打量某些人或物。最细微的差别，譬如一件衣服的制作或者一位熟人的姿态，对普鲁斯特来说，都意味重大。因而，他不断地为他那浩繁的小说添砖加瓦。在他草稿的空余部分，满是修改的痕迹。当他把空白都用完，一张标上新正文的稿纸会黏在手稿上。是阿尔巴雷提出了这一巧妙的方法，为了确保改动被正确地输入。

1919 年，普鲁斯特突然不得不搬离豪斯曼林荫大道这套心爱的公寓。他的婶婶作为所有人，事先未向侄子通知，便将公寓出售。据阿尔巴雷说，普鲁斯特把他卧室的软木衬板拆下来打包，大概是想之后再用。然而其他传记作者指出，这些木片被售出，变成了软木瓶塞。

普鲁斯特在巴黎哈梅林路 44 号找到一处新公寓。他住在五楼，余生便在这里度过。不幸的是，他未来得及修改《追忆似水年华》的最后三卷便过世了。不过它们都在他死后出版。全书加起来有三千多页，这是数千个夜晚工作的结果。阿尔巴雷说，“普鲁斯特先生的神奇之处在于他的意志力。他把所有意志力都投到他的作品中”。

科莱特

跳蚤杂技表演

科莱特

1873—1954

我究竟应否对动物感到惊奇？

——科莱特小说《破晓》

1926 年，西多妮 – 加布里埃尔 · 科莱特买了一个度假屋，在圣托贝，那是法国里维埃拉一个田园诗般的小镇。有许多夏天她都是在“麝香葡萄架”度过的，这个名字由花园中一棵古老的麝香葡萄树启发而来。科莱特的画家朋友安德烈 · 杜努瓦约 · 德 · 瑟贡扎克在圣托贝也有一个度假屋。他经常造访“麝香葡萄架”。当他在那里时，他观察到科莱特是如何为写作做准备的。他之后描述了科莱特在写作之前经常会有的一个奇怪的习惯。

科莱特会用敏锐的目光研究她的法国牛头犬苏

西（Souci）[1]的毛。之后她会从苏西的背上抓出一只跳蚤来，然后继续她的搜捕工作，直到准备写作。杜努瓦约·德·瑟贡扎克将这一梳毛的习惯视为一种拖延的方法。就像一个不乐意游泳的人，科莱特在投入写作之前，会做一些琐碎的事。除了给苏西抓跳蚤，科莱特还会在长沙发上抚慰一条巴哥犬。她还会用劲拍苍蝇。只有到这时，作家才会坐到桌子前。

据杜努瓦约·德·瑟贡扎克说，从拖延到写作的转换总是出其不意的。科莱特会突然进入写作之中。她会坐在一张面对着房间角落的桌子前，一待就是好几个小时。文字在纸上飞扬，但她在写作时几乎一动不动。不可避免地，她的身体变冷。她的第三任丈夫莫里斯·古德盖回忆道，“她在膝盖上毛毯加毛毯，背上披巾复披巾”。在非常长时间的写作之后，被层层叠叠包裹着的科莱特，看起来“犹如一只茧”。

在一篇为《纽约时报》写的文章中，黛安·阿克曼谈到科莱特抓跳蚤的习惯：“不难想象，有条不紊地按抚和探查毛发，也许可以使得这位纵情享乐之人敛心凝神。”

1 有“忧心”和“金盏花”之意。

阿克曼写到，科莱特的这一写作前的疗法是用在她的猫身上（没有提到狗）。当然在圣托贝，有足够多的猫给她梳刷。她有十只宠物猫，不算那些来串门子的流浪猫。事实上，自童年起，猫狗就环绕在她左右。

科莱特的母亲西多十分喜欢动物。有时西多甚至会带猎狗上教堂，令当地神父颇为懊恼。科莱特是在勃艮第皮伊赛地区圣索沃镇的一家庄园长大。在西多的照看下，一代代的猫狗在她们家繁衍生息。一窝窝的小猫小狗在她们楼下的起居室里嬉戏、打盹。当科莱特步行上学，家里的牛头犬“狗狗”会在她身边小跑着。

二十岁时，科莱特嫁给亨利·戈蒂埃-维拉尔，立即被他带到巴黎。戈蒂埃-维拉尔，更为人所知的是他的笔名亨利·维利，远非一名理想的丈夫。他不以自己是骗子而羞臊，脸皮厚到把女人带回家，即使科莱特就在家里。维利还剥削无名作者，付给他们很少一笔钱，让他们给他代笔写书。对于能带来更多钱的新题材，他总是很留心。他不耻于让自己的妻子加入幽灵写手名单，叫科莱特以她的上学经历为素材写一部小说。她听从他，写满了好几个练习本，但他在草草看了一眼之后丢在一边。

然而几年后，维利读了第二遍，改变了想法。他叫科莱特往故事中掺入一些不道德的男女关系，她不情不愿地答应了。之后他把这本名叫《克罗蒂娜在学校》的小说署上自己的名字，卖给一名出版商。科莱特只被认为是这本书的灵感来源。小说一炮打响，维利便要科莱特以同一人物为主角，炮制更多的书。为了保证产量，维利经常把妻子关在房间里连写四个小时。

受困于她那可怕的婚姻，科莱特孤独又沮丧。在这段艰难的岁月中，只有一只狗和一只猫不离不弃。科莱特写道："我有一只［法国］牛头犬，叫托比，生性好动爱撒欢，一只安哥拉猫，叫奇奇，体型修长，有着不露声色的贵气。"每年下半年，科莱特会去乡下的一所房子独居，托比和奇奇随她左右。当她终于离婚搬进新公寓，三十一岁的科莱特也是带着动物一起。她回忆道，"在那里，我和我的狗、我的猫一起，面对新生活的开始"。

一点一点地，科莱特确立自身作为一名独立的女性。她成为一名成功的演员，与男人和女人皆有风流韵事。她开始以自己的名字出书，虚构和非虚构的都有，起初署名科莱特·维利，之后只是科莱特。1944 年出版的《吉吉》，是她最负盛名的小说。

动物们总和她形影不离，在她的脚后跟边，在她的膝盖上，在纸上，在纸外。她的许多故事的主角便是猫和狗。在科莱特的《猫》中，一个男人对他的小猫的感情给他的婚姻制造了裂缝。这个故事可能回荡着科莱特的第二任丈夫亨利·德·茹弗内尔的声音。当无意间碰到妻子与她的宠物独处时，德·茹弗内尔觉得自己是个闯入者。他称，“总有一天你会退隐到丛林中”。科莱特把这个想法往空中抛掷，就像给一只淘气的小猫扔纱线球。她写道，“我一直在把玩着这一预言提供给我的怡人前景”。

纸间的脚爪

科莱特并非孤例，还有许多知名作家不止喜爱他们的宠物，还从它们身上得到灵感。就狗这一块来说，斯坦贝克在《与查理一起旅行》中，写到他和他的狮子狗驱车周游全国。伊丽莎白·巴雷特·勃朗宁给她的可卡犬写了一首诗叫《致我的狗弗拉什》。她在一封给友人的信中描述了与弗拉什的关系：“它与我是不可分的一对，为了换得它的忠诚，我已经向它起誓，会成为它永远的朋友。”关于这位女诗人和她的狗，弗吉尼亚·伍尔夫也写了一篇小说叫《弗拉什》。

到了晚上，艾米莉·勃朗特通常是坐在家里养的基佩（Keeper）身边看书。基佩是条大狗，长相凶猛，一旦受到刺激，会咆哮起来。这是一条让人生畏的狗，但勃朗特并不怕它。有一次，基佩和另一条狗大打出手，勃朗特使出她的秘密武器——胡椒粉，往两条狗的鼻子上撒，把它们分开。传记作家埃伦·纳西是这家人的朋友，据纳西回忆，勃朗特有时会虐待基佩。为了惩罚这条狗，她有一次打它的眼睛，一直打到发肿。然而，纳西评论道，“她从未关切过任何人，她所有的爱都留给了动物”。

威廉·斯泰伦在与他的狗阿奎那一起散步时寻找灵感，那时他住在康涅狄格的罗克斯伯里。在家里，斯泰伦被琐碎的事务缠身，而到外面的树林里，和忠诚的同伴在一起，他能够深思他的写作。他说，“没有每天的散步，脑子得不到激发，我会对着空白而冷漠的第一页稿纸，陷入可怜的焦虑”。

文学世界中以猫为缪斯的人不胜枚举。在一封写给三岁孙儿的幽默的信中，T. S. 艾略特写道：“我很高兴你有一只猫，但我认为它不如我的猫惹人。”他所提到的这只猫是一只名叫杰利罗兰的宠物。这只小猫在艾略特关于猫的诗集《老负鼠的猫经》中获得不朽，还是据此诗集改编的音乐剧《猫》中的一个角色。

爱伦·坡的随笔《直觉对理性——一只黑猫》，于1840年1月发表在《亚历山大每周信使》上，便是受一只宠物猫的启发。在这篇文章中，坡描述了他那只很灵敏的猫的滑稽动作，它经常要一个奇怪的把戏。它会从地板上跳起来，用爪子抓住厨房门的弹簧锁。它不能把顺序搞错：把弹簧锁打开，往下推，然后以足够的力量迅速跃起，为了让门突然打开。如果掉下来，这位意志坚决的猫会跳起来一遍遍地尝试，直到任务完成。坡对这只敏捷的猫显然很钦佩，因此把它介绍给读者，且强调，“这篇文章的作者拥有这个世界上最出色的黑猫之一——这个评价很高；因为大家将会记住，黑猫通通是女巫”。据学者托马斯·奥利弗·马博特称，这只黑猫在卡特琳娜之前，后者是一只斑猫，在坡写作的时候会趴在他的肩膀上。

1930年代，海明威住在佛罗里达的基韦斯特，有成打的多趾畸形猫在他家附近出没。不过，在接下来的十年为他所钟爱的猫，是他在古巴时发现的。在他古巴的居所，住着差不多六十只猫，其中一只几乎从未离开过他。这是一只黑白两色的猫，名叫博伊西。海明威散步时，它在他身边蹀步；海明威工作时，它与他作伴。在海明威死后发表的小说《激流中的岛屿》中，有一个角色便是以博伊西和作家的其他几只猫为原型。

像博伊西一样，许多家庭宠物被它们的主人一边写作一边抱着。雷蒙德·钱德勒有一只黑波斯猫名叫塔基，在他的工作室里和他作伴近二十年。钱德勒称之为他的秘书。塔基有一个习惯，会突然落到钱德勒那时所需的无论什么文件上。它同样是钱德勒最严厉的批评者之一。在一封写给《大西洋月刊》编辑查尔斯·默顿的信中，钱德勒写到，塔基“只是从书桌的一角静静地凝视着窗外，仿佛在说，‘老弟，你做的这工作是在浪费时间’”。

虽然不愿和一群小猫共用书房，但在这件事上狄更斯说了不算。他的猫名叫威廉明娜，在新诞下小猫后决定在书房里照顾它们。而另一边狄更斯，断然地不要被打扰。有两次，小猫们被赶了出去。而第三次，威廉明娜通过一扇窗户，又把每一只可爱的小猫叼了进来，回到它所挑选的房间。这时狄更斯只好放弃，找到一种在呜呜叫、攀爬和嬉闹中工作的方式。他甚至收留了其中的一只小猫。它只是被称为“大师的猫”，曾两次在狄更斯看书时，用脚爪熄灭蜡烛。为了把大师的注意力从工作中转移，好和它一起玩，这是一个聪明且奏效的策略。

格特鲁德·斯泰因

交通堵塞

格特鲁德·斯泰因

1874—1946

在香榭丽舍大道，我见过她一次，高高坐在前座，开着一辆奇怪的车，旁边是爱丽丝·托克拉斯。在由小汽车组成的车流中，她的车非常显眼，受到众人的嘲笑，她却毫不在乎。

——艺术史家丹尼尔–亨利·坎维勒谈斯泰因

1917年，格特鲁德·斯泰因得到了她的第一辆车。她很快发现福特T型车的驾驶座是一个理想的写作之地。在汽车这片小天地里，她可以任自己情思漫游，匆匆写下个三五行，不管身在哪里。斯泰因尤其在跑腿的时候多产，当她的伴侣爱丽丝·B. 托克拉斯冲进店里，她会坐在车里等待，拿出铅笔和一小片纸。巴黎街头繁忙的交通尤其给她带来灵感。汽车走走停停的节奏被嵌入她的诗歌和散文中。

斯泰因的《爱丽丝·B. 托克拉斯自传》以托克拉斯的

视角细致描绘了她们的生活。根据这本书，只有“画画和汽车”是斯泰因“两项真正的消遣”。斯泰因对汽车的喜爱源自在第一次世界大战期间的志愿工作。当她们在巴黎散步时，托克拉斯突然产生当志愿者的想法。她找到一位为“救助法国伤员美国基金会”开车的女性，认定这个组织很适合她们。该基金会由美国女性组成，负责将各种补给运到医院。要在全国上下跑，一辆车必不可少。因此在能够开始志愿工作之前，斯泰因和托克拉斯得解决交通工具的问题。在此之前，斯泰因从未拥有或者开过车。

斯泰因在美国的家人帮她筹到了购车款。与此同时，斯泰因学起了开车（托克拉斯更喜欢坐在副驾驶座上）。她有一位艺术家朋友，叫威廉·库克，以开出租车谋生。库克帮她入了门，但她在倒车时从未自信过。相反，她只知道怎么往前冲，在行进中把乘客和其他驾驶员吓得心惊肉跳。她的朋友威廉·罗杰斯回忆道，“她到了拐角便急转，看到另一辆车便要超过，可以把所有相关的人吓得魂飞魄散”。

斯泰因的福特T型车，远从美国舶来，于1917年2月到达法国。这辆车被诙谐地称为“姨妈”，为了纪念斯泰因的波琳姨妈，后者“总是在危机关头表现出色，而如果得到适当的恭维，大多数时候她都表现得相当好”(《爱丽丝·B. 托克拉斯自传》)。有时斯泰因发现难以取悦这辆顽固的车。在不得不一遍遍地发动不可靠的引擎之后，她对可怜的“姨妈”做出要把她拆了的空洞威胁。

斯泰因和托克拉斯行迹遍布法国，在需要她们的地方之间往来，有时是在覆盖着雪的危险道路上。斯泰因不爱用地图，虽然她的直觉总是不靠谱。因此在到达目的地之前，她们经常走的是一条很长的、预想之外的路线。美国基金会的成员得保养和修理她们自己的车，但斯泰因只会一些小修小补。无论何时，只要事情的复杂程度超过换一只火花塞，她总能设法找到人帮忙。

在她们的旅行中，斯泰因和托克拉斯吃遍了这个国家的家庭和餐馆。托克拉斯在《爱丽丝·B. 托克拉斯食谱》中，依次细说了她们吃过的最可口的食物。在会见士兵、乡间公路冒险、尝试新烹饪法中间，斯泰因见缝插针地写作，经常是坐在车上。

战后，斯泰因和托克拉斯不得不把她们的爱车处理掉。有一次在布洛涅森林的一家餐馆吃饭时，一名警官把托克拉斯拉到一边，告诉她，既然战争已经结束，卡车不再被允许出现在公园的道路上。他指示道，“所以希望夫人明白，她的卡车不要再次出现在那里”。与此同时，在全国上下跑了那多路程后，“姨妈”只能做短途旅行之用。最终，这辆车正好开到一条城市街道的中间时，永远停止了运转。

需要一辆新车，且与她们的预算相适。斯泰因和托克拉斯订购了另一辆福特，而且为了省钱，选择了一款缺乏大多数便利设施，如打火机和计时器的车。当车到手时，托克拉斯说这辆仪表盘裸露的车“光着身子”。斯泰因脱口而出，“戈黛娃”。因此她们的新车，便以这位传说中为了抗议不公税收而裸体骑马的夫人命名。

在新车的驾驶座上，斯泰因保持着写作的习惯。而且即使不在“戈黛娃”，只要离汽车近，就可以激发她的想象力。当机修工在她的车上忙活时，斯泰因更喜欢监视他们。有一个冬日，在等待“戈黛娃”修理时，她坐在旁边一辆报废的福特车踏板上。从这个有利位置，她可以一边看顾她的爱车一边写作。等车修好，斯泰因已经完成一篇随笔，叫“作为解释的创作”。

斯泰因第一次听到“迷惘的一代”这个说法，也可能与一名汽车修理工有关。这一说法后来被海明威用作小说《太阳照常升起》的题词，而变得广为人知。据斯泰因说，她是和一位旅馆老板讨论在“一战”中服役的年轻一代时，说他们是“迷惘的一代”。然而，这个故事还有两个版本。海明威将这场历史性的谈话放在一个车库里。斯泰因在她的描述中并未提及一名机修工，而她的朋友布拉维格·伊姆布斯当时在旅馆，据他的说法，她也和一名年轻的机修工谈了很长时间。

行进中

格特鲁德·斯泰因是在从一个目的地到另一个目的地的途中寻找灵感，这样的作家并非个例。对于许多作家来说，从出发到抵达之间的大把时间充满着可能性，不必花在打盹或者纵横填字游戏上。有些伟大的作品便是坐汽车、火车和飞机时匆匆写在笔记本中的。斯泰因和纳博科夫（见第 153 页）都曾在停放的汽车中独处写作。尚未成名前，卡佛也躲藏在他的车里，为了能安静写作。然而他的第一任妻子玛丽安指出，卡佛并不像人们以为的那样不幸。她提到，任何时候只要他们负担得起，他总是会去租一间房，只是为了用来写作。

有些名作家在行进中创作他们的小说，无论是在车上，还是骑着动物。一辆汽车可以充当一个固定的房间，对于写作而言堪称完美，然而一边开车一边写作，对于作家来说，将是困难的壮举。在长途驾车去疗养院探望母亲的路上，尤朵拉·韦尔蒂设法将她的想法草草记下。不知怎的，她可以一边握着方向盘一边写作。

沃尔特·司各特爵士在马背上创作他的长诗《马米恩》。他不会下马对诗行冥思苦想，更喜欢在运动中写作。这部作品的许多篇幅便是在骑马穿越拉斯韦德村周围的群山时写就的，那里离爱丁堡很近。他回忆起有一次在同一区域，与女婿约翰·吉布森·洛克哈特一边骑马一边写作的过程。他说，“哦伙计，我一边想着《马米恩》，一边在山坡之间策马疾驰”。

然而，大多数在行进中写作的作家，并非在驾驶座上（或者动物身上）。作为火车或飞机的乘客，一个人不需要停在路边记录他的想法，也无需像司各特那样，一边在心里头拟诗，一边勒着缰绳。

在二十八岁的时候，勒卡雷充分利用从白金汉郡到伦敦的九十分钟通勤时间。彼时他是英国外交部军情五处的一名官员。在火车旅行中，勒卡雷写出了处女作《召唤死者》(出版于 1961 年)。在午餐时间他也见缝插针地写作。勒卡雷把他的大部分精力都贯注在写作上。后来他嘲弄道，“我总是小心翼翼地让我的国家居于第二位”。比起二十世纪五六十年代，现在的火车要远为高效，这意味着通勤者无需花很多时间在路上。然而，这并不必然是好事。勒卡雷评论道，“铁路的电气化，是文学的一大损失”。

约瑟夫·海勒的一些奇思妙想是在搭巴士的时候偶得的。事实上，他提到，“《第二十二条军规》的结尾便是在一辆巴士上想到的”。对于海勒来说，搭巴士，就像白昼的其他单调活动，使他有时间独思。他将所有的想法都记在索引卡片上，待写小说的时候予以查阅。

喜剧演员伍迪·艾伦十六岁时，在纽约的一家广告公司找到一份课后工作，他便设法在搭地铁的时候写作。与勒卡雷不同，座位票对他来说属于奢侈。他回忆道，“我边拉着吊环站立，边取出铅笔，等我出地铁时，我已经写了四十或五十个笑话……好些年都是每天五十个笑话”。所以即使站着，他在每次搭地铁时，都能设法有令人印象深刻的产出。

埃利·威塞尔[1]可以在任何地方写作。在一次接受《巴黎评论》的访谈中，他列出了一些他能够写作的地方："在飞机上，在咖啡馆，在等待的时候"。第二次世界大战后，威塞尔有很多年为法国和以色列的出版物做报道。他将自己可以在各种地方写作的灵活性归因于记者的经历。

玛格丽特·阿特伍德在云端翱翔时寻找灵感。当被《卫报》要求提供一些写作技艺的戒律时，她列出的第一条就是在飞机上写作。她建议，"带一根铅笔到飞机上写作。钢笔会漏。但如果铅笔折断，你无法在飞机上削直，因为不能随身带小刀。所以：带两根铅笔"。

1 埃利·威塞尔（1928—2016），作家，1986 年诺贝尔和平奖得主。生于匈牙利，后移居美国。写作主题为大屠杀记忆，著有《黑夜》等。

杰克·伦敦

Jack London

纸上挖掘

杰克·伦敦

1876—1916

咳，足够的挖掘，以及足够的运气，也许有一天可以让我靠笔糊个口。

——杰克·伦敦写给梅布尔·阿普尔加思的信

当二十一岁的杰克·伦敦第一次试图开始他的写作生涯，他每天苦干十五个小时。那时他和家人一起生活在旧金山。这是一项让人身心俱疲的工作。比起写作来，食物排在第二位，他的散文都是在胃咕噜咕噜的抗议声中完成的。然后他会在一台借来的打字机上，用普通书写法打出来，因为重重地敲打那令人恼火的仿佛在抵触的键，他的手指长出了水疱。

这种高强度的训练，让伦敦肩酸背疼。他完全地投入写作。不幸的是，尽管有着称得上凶狠的韧劲，这位年轻的写作者以作家谋生的第一次尝试以失败告终。在收到一阵退稿信之后，他不得不找一份有薪水的工作。他在一所男子预备学校的洗衣房，当起了仆人。置身于脏衣服和蒸汽中间，他忍受了几个月，之后于1897年7月动身北上，去克朗代克淘金。

他在北方危险四伏的荒野中艰苦跋涉，追随许多充满野心与冒险精神的美国人走过的路。但在克朗代克的淘金潮中，只有很少人发现金子。事实上伦敦回到家时，已两手空空。尽管如此，这位二十二岁的年轻人的蓝眼睛里闪烁着决心。他决定将他的冒险活动转移到文学财富上。伦敦相信凭着绝对的意志和艰苦的工作，他可以挖出一条通往出版的隧道。“挖掘是一件不可思议的工作，可以移动比信念所梦想的更多的山。”他宣称。这样，打一回来，伦敦便像克朗代克最为坚决的矿工们，拼命地、不知疲倦地朝他的梦想挖掘。

伦敦再一次坐在他的桌子前。他一行一行地写啊写，朝确定的目标全速前进。他已决定成为一名职业作家，没有什么障碍大到足以让他止步。随着他从一页进到下一页，他离自己的梦想越来越近。只有睡觉才会让这位有抱负的作家中断写作和研究。他卧室的灯直到凌晨两点还亮着，闹铃定在五点钟，铃声一响他又弹起身来工作。

伦敦对写作艺术的学习，颇为用心。他会推究笔下每个句子的形式，会花很多时间来分析同代成功作家的作品。他想追随文学巨匠们的脚步。而且事实上，有时他会在纸上步趋他最钟爱的作家。伦敦是吉卜林的热切崇拜者。他认定，熟稔吉卜林作品的最好方式就是逐字抄下来。这个工作很费劲，但伦敦对艰苦的工作并不介意，尤其它可能通向成功。他之后承认，“如果没有吉卜林，我的写作压根不可能是这样子”。

伦敦的写作准则，不仅基于写作的需求，也基于以写作谋生的需求。当他还在克朗代克时，他的继父便已过世，家庭责任的很大一部分落到他身上。所以他给自己订了个严格的规矩，每天至少写一千字，希望多产能够带来一份稳定的职业。

有时在伦敦看来，他兴许永远无法成功打入出版界。虽然他很少动摇自己的目标，但他经历了一次次重度绝望，甚至一度考虑过自杀。六百五十封退稿信，压垮了这位在贫穷中挣扎的作家。然而当他最终收到一封接受信，他的沮丧顿然消失。《黑猫》杂志首次为他的一篇故事开出不菲的价格，这拯救了他，如他所说的，“在现实中，在文学上”[1]。

在事业有了起色之后，伦敦继续每天写一千字，无论在陆地，还是在公海。当他置身于一艘太平洋的游艇上，他依然每天早上腾出两个小时。当他在加州经营牧场，他雷打不动地坚持在早上写作。他在五点准时起床，但不会离开太远：他喜欢在床上工作。便条卡片被固定在他头顶上方的一根线上，在那里存留到被新的卡片取代。除非灵感枯竭，伦敦会一直写，直到达到他在身为年轻作家时所设定的字数。

在把每一个故事搬到纸上之前，伦敦会细致地打腹稿。在给老友克劳兹利·约翰斯的一封信中，伦敦写道，“总之在动笔之前，至少已胸有成竹”。这一方法不需要什么修改，使得伦敦可以写得很快。据伦敦的仆人中田吉松回忆，作家使用“一支笔端有一根线管的钝钢笔——针尖式自来水笔”。平常的钢笔会让伦敦的速度减慢；而有了这一工具，他不用担心笔尖所面临的情况。由于伦敦非同一般地热衷于高产量，他在短短的一生中完成了五十多本书，也就不足为奇。

---

1 原文为“literally，and literarily”。

处于奋斗期的伦敦曾抄写过他的偶像吉卜林的散文，到后来，他被称为“克朗代克的吉卜林”。这一称赞可谓恰当。而更加荣耀的是，吉卜林本人成了伦敦的书迷。在纸上以不知疲倦之手挖掘，伦敦证明了他在二十多岁时关于勤奋写作的说法。所有的挖掘无疑是起作用的！

大师的阴影下

许多伟大的作家，在某种程度上，是通过效法所钟爱的文学先辈的语言，来形成自己的声音。杰克·伦敦手抄吉卜林的故事，而雷·布拉德伯里则在打字机上敲打他所钦佩的作家的作品，以期有助于完善自己的散文。当陷入至深的绝望时，布拉德伯里将托马斯·沃尔夫的东西整段整段写进自己的草稿中。“因为我写不出来，你明白的。我是如此受挫！”在一次接受《巴黎评论》的访谈中，他如此宣称。还在年少时，琼·狄迪恩便学着用打字机把海明威的作品打出来。她尤其感佩他“完美的句子”。

要想汲取一位文学大师的风格，重写一部心仪的小说是一个办法。其他作家则选择在每天开始写作之前读某本书，用阅读来帮助他们在动笔之前热身。法国作家司汤达在写《帕尔马修道院》时，每天先读一份政府文件。在给巴尔扎克的一封信中，司汤达写道，“为了获得正确的语感，我每天早晨读两到三页的民法典”。毛姆在投入新小说之前，有一个读伏尔泰的《老实人》的仪式。他解释道，“这样我的脑海深处便有一个明晰、优雅和机智的标准”。

薇拉·凯瑟在写作之前会读《圣经》。据桑顿·怀尔德[1]说，凯瑟想保持与“好的散文”的联系。他提到她很遗憾选择了一个古代的文本，无奈这一习惯已根深蒂固。玛雅·安杰卢同样在《圣经》中寻找灵感，当她写作时，她会把《圣经》放在手头边。当被问及为什么用《圣经》，安杰卢回答，“为了旋律。也为了内容。我写作是为了试着成为一名基督徒，这是严肃的事情”。

1 桑顿·怀尔德（1897—1975），美国小说家和剧作家，三获普利策奖，著有《我们的小镇》等。

伍尔夫

作家的画架

弗吉尼亚·伍尔夫

1882—1941

她抬起手，提起画笔。在一阵痛苦而兴奋的迷醉中，她的手在半空颤抖了片刻。该从何处开始呢？

——弗吉尼亚·伍尔夫《到灯塔去》

二十多岁时，弗吉尼亚·伍尔夫每个上午要写两个半小时。她的书桌高三英尺半，桌面可以向上倾斜，以便近看或远观自己的作品。据她的外甥昆廷·贝尔回忆，伍尔夫站在桌旁写作，是为了不落姐姐瓦内萨下风。因为瓦内萨画画的时候便站着。贝尔说："这导致弗吉尼亚觉得自己的追求看起来比瓦内萨的要轻松，除非她和姐姐一样站着。"尽管这有点姐妹之间暗自较劲的意思，但伍尔夫还是坚持这么做。多少年来，这位高挑秀逸的作家都是走到她的文学画架边写作。

1917 年，伍尔夫和丈夫莱昂纳德成立了一家小型出版社，名为霍加斯。公司刚成立，伍尔夫事务繁忙，但仍没有放弃写作。每天上午九点，她会准时大步走过位于地下室前房的印刷机，直奔储藏室。储藏室在后屋，紧挨着出版社办公室，她在那里写作。

这时候，伍尔夫的写作姿势已经由站改为坐。每天上午，她坐在一把舒适而老旧的扶手椅上，手里拿着纸和笔，下面垫着一块薄胶合板。霍加斯出版社也是伍尔夫的出版方，这意味着她的手稿从成形到印刷，只需“走”非常短的一段路。印好的书在送到读者和评论家手里之前，会送回储藏室，同其他作家的书和长条校样一起，搁在架子上。

多年以后，伍尔夫仍在使用书写板。在 1933 年 1 月的日记里，她写道：“我对自己的小聪明还是有点沾沾自喜的。”她给她的书写板加了一个托盘，用来放钢笔和墨水。这只是个简单的改动，却可以大大改善她的写作过程。她将有足备的文具在手边，对此前景她感到兴奋。这样，她就再也不用担心在寻找合适的笔具时，丢失稍纵即逝的灵感。

与此同时，伍尔夫对姐姐绘画天赋的钦佩并未随时间的推移而减弱。瓦内萨的画被用作伍尔夫作品的封面，或是内页插画。在一封写给姐姐的信里，伍尔夫称赞了《邱园记事》一书的封面：“我想多亏了你，这本书才会做得如此圆满，这完全出乎我的意料。”

伍尔夫用她自己的方式在纸上“作画”。她的钢笔里装的不是标准的黑墨水，而是紫墨水、绿墨水或蓝墨水。紫色是伍尔夫的最爱，在她的信件、日记、手稿和校对稿中都可以找到。她二十五岁时出版的长篇小说《友谊长廊》，甚至连内文和用来装订的皮革都是紫色的。这部书是她送给朋友维奥莱特·狄金森[1]的礼物。伍尔夫写给薇塔·萨克维尔·韦斯特[2]的情书也是紫色的。她最著名的作品《达洛维夫人》，大部分手稿也是用紫墨水写成的。1938年10月，伍尔夫在日记里写到了天空：“一场暴风雨——紫墨水般的云朵——正在消失，如墨斑之于水中。”当然，就像其他地方一样，这段话也是紫色的。

---

1 维奥莱特·狄金森（1896—1991），英国植物学家，“维奥莱特”（Violet）有紫罗兰、紫色的意思。

2 薇塔·萨克维尔·韦斯特（1892—1962），英国作家、诗人、园艺家，因丰富多彩的贵族生活、与伍尔夫的韵事，以及和丈夫哈罗德·尼科尔森修建的西辛赫斯特城堡而闻名。

书写板

和弗吉尼亚·伍尔夫一样，罗尔德·达尔[1]也坐在扶手椅里写作。达尔的书写板表面柔软，由他的邻居克劳德·泰勒手工制成，用的是台球桌面的布料。一支狄克逊·提康德罗加牌铅笔在手，绿色写字板上铺好黄色的标准拍纸簿，达尔就做好了写作的准备。

罗伯特·弗罗斯特坐在椅子写作时，手臂上搁着一大块木板，然后用更小的一块木板支撑，以保持一个略微倾斜的平面。显然，对弗罗斯特而言，除了桌子，任何平面都可以用来写作。在一次接受《巴黎评论》的访谈中，他说，“我什么都可以用，我还在我的鞋底写过东西”。

---

1 罗尔德·达尔（1916—1990），挪威籍英国作家，以儿童文学作品著称，著有《查理与巧克力工厂》等。

颜色大全

许多伟大的作家，都像弗吉尼亚·伍尔夫一样对墨水大为挑剔，这没什么好惊讶的。毕竟，灵感的火花虽然是在脑海中闪现，但工具恰到好处的话，能有助于作家的创造力。刘易斯·卡罗尔就有两个和伍尔夫一样的怪癖，他也喜欢站在一张高桌边写作，并且使用紫墨水。不过卡罗尔对墨水颜色的选择和自身经历有关，并非出自审美需求。他曾在牛津的基督教会学院教数学，而自 1870 年起，教师们都被要求使用紫色墨水来批改学生作业。后来，卡罗尔开始写小说的时候，也就习惯了使用这种颜色。

兰斯顿·休斯给艾丽斯·沃克写过很多信。艾丽斯说，“他总是用我喜欢的亮绿色墨水！”吉卜林曾写道：“我必须使用颜色最黑的墨水，如果我像以前一样住在我父亲的房子里，我会雇用一个男孩专门为我研磨印度墨水。”他无法忍受墨水颜色的深浅变化，必须是深黑色的才行。

还有一种情形会让作家希望使用多种颜色。威廉·福克纳知道在《喧哗与骚动》这本小说里，班吉视角的那些段落很难区分阅读，所以在纽约的一家地下酒吧[1]和编辑会面时，提出了一个解决方案：他们可以用彩墨！不同的颜色将代表班吉视角里的不同时期。不过成本太高，这个想法很快就宣告破产。福克纳不无遗憾地说："我希望出版业能进步到可以使用彩墨。"班尼特·瑟夫[2]曾计划出一个彩色限量版，但到死也未能如愿。要一直等到2012年，《喧哗与骚动》初版问世八十三年之后，福克纳的愿望才最终实现：弗里欧书社（Folio Society）为这本书发行了一个有着十四种不同颜色的特别版。

1　指美国禁酒时期非法经营的酒店或无证售酒的夜总会。

2　班尼特·瑟夫（1898—1971），美国出版商，兰登书屋创始人之一。

乔伊斯

蜡笔、剪刀和浆糊

詹姆斯·乔伊斯

1882—1941

这是马赛克艺术的真正范例。我见过草稿。

——瓦莱里·拉尔博论乔伊斯的《尤利西斯》

从二十多岁到三十出头，詹姆斯·乔伊斯在的里雅斯特生活。二十九岁时，他把妹妹艾琳从都柏林招过去，帮他照顾他的两个小孩。艾琳记得在他们共处的这段日子里，乔伊斯那独一无二的习惯。到了晚上，他经常会退隐到床上，但并不睡觉。这位爱尔兰人会趴着身子，执着大号的蓝铅笔写作。然而，最独特的细节是他夜间的制服。在写作之前，乔伊斯会穿上一件白色的外衣。乍一看，这似乎纯粹是个怪癖，却是出于实用的选择。艾琳提到，“他总是在写作的时候穿一件白外衣——它可以散发出某种白光”。乔伊斯的视力衰弱。他的外衣在模糊的环境中充当一座灯塔，或许可以将外在的光折射到纸上。在创作他的长篇小说处女作《一位青年艺术家的画像》时，这位脑筋活络的作家形成了这些习惯。

乔伊斯的眼睛打小就近视。但直到二十岁之后，视力才严重下滑。二十五岁时，乔伊斯得了风湿热，且并发了一种名叫虹膜炎的眼病，这种病很痛苦。随着时间的推移，又有诸多病加入进来，影响他的眼睛、折磨他，包括青光眼、白内障和结膜炎。1917 年，乔伊斯做了第一次眼部手术，之后一直到 1930 年，他又做了二十四次手术，但无一能恢复他的视力。

乔伊斯努力借助很差的视力来阅读和写作，经常处于近乎失明状态。法国批评家路易·吉莱写道，“我还看到他为了辨认一个文本，将纸侧向一个狭窄的角度，在那里他还维持着一线受损的视力”。乔伊斯通过别出心裁的工具（如白色外衣）和绝对的决心克难求进。他向他的赞助人哈里特·萧·韦弗描述他是如何写作《尤利西斯》的：“我得说，我每天花两个小时，凭一只或两只眼睛来写作、修改和校正，大概每五分钟或者当我再也看不见时，便停下来休息。”

一台打字机也许可以减轻乔伊斯的工作负荷，但他断然拒绝了这个主意。打字机必然会提高他的写作速度，而他更喜欢一丝不苟地慢慢写。乔伊斯的密友弗兰克·巴德根和这位作家在苏黎世讨论过打字机。巴德根观察到，比起某些同龄人，乔伊斯要远为低产。乔伊斯反驳道："但他们是怎么做到的？他们对着打字机口授。如果我愿意，我也很可以这么做。但有什么用？不值当。"他逐字逐句地写着《尤利西斯》。如果他告知巴德根他已经完成了两个句子，这天便是多产的一天。他解释道，"我所寻求的是词语在句子中的完美秩序"。乔伊斯以他自己的节奏投入写作，而且是亲手写在纸页上，随着视力恶化，他的处境越来越困窘。

乔伊斯最大的障碍之一，简单得令人沮丧，近乎不可能克服：他需要看到纸页上写的东西。随着乔伊斯的视力每况愈下，厚厚的眼镜片已不足以帮到他。在审核《尤利西斯》的校样时，他用了两副眼镜和一柄放大镜。而校对《芬尼根的守灵夜》时，则用了三柄放大镜。

事实上，在创作最后一本书时，他将整个作品予以放大。这部以复杂而最为世人所知的小说展现在巨大的稿本上。在一封信中，乔伊斯告诉韦弗，他在一张木炭铅笔经常折断的大纸上，完成了《芬尼根的守灵夜》的一段。他补充道，"现在各种各样的大纸已被我的字迹覆盖，它们就像拿破仑被逆转激怒之时所书”。蜡笔看起来要更有弹性。帕德里克·科勒姆，一位同辈的爱尔兰作家回忆道，“乔伊斯的作品实际上是不同颜色的蜡笔在长条纸——有时是硬纸板——上写出来的”。乔伊斯用各种颜色写作和修改，从红色、橘色到绿色、蓝色。

尽管写作会给他的身体带来重迫，但乔伊斯执迷于修改他的作品，直到最后的清样阶段，这令印刷商懊丧不已。他同样会情不自禁地草草记下想法，对于之后可能会写进文本中的东西，他很少错失抓住的机遇。在写《尤利西斯》时，乔伊斯在他的马甲口袋里放着一些纸片。“独自一人或谈话中，或坐或走时，他会不时地掏出其中的一张，以电光火石的速度，匆匆写下一两个词。”巴德根回忆道。乔伊斯在周遭的世界中能发现无穷的乐趣。他积累了广博的信息，从科学和历史事实，到外语中的双关语。他在橘色的信封上做笔记，之后把它们转录到笔记本或者稿纸上。

《芬尼根的守灵夜》需要在巴黎进行广泛的研究，乔伊斯不可能独力完成。他的视力太差，无法四处搜索书籍和出版物，以查证某些词语和事实，只能委托别人。对此他并不情怯。乔伊斯的妻子诺拉说，“如果全能的上帝来到人间，你可以给他派个活”。他招募抄写员和研究助手，其中很多是家人和朋友。科勒姆便是其中之一，他回忆道，“他不想我们中的任何人向他概述，譬如天文学或者财政学。他所需要的是一个星星的名字，或者一个财政术语，譬如‘标准纯银’”。

乔伊斯，用他自己的话来说，是“一个剪刀手和裱糊匠”。他从周遭——在钻研一本书或者只是观察身边的世界时——剪下只言片语，然后将它们分类为《尤利西斯》和《芬尼根的守灵夜》。这些观念会被储藏到乔伊斯的笔记本，对于哪些被转入手稿中，他会用彩色铅笔和蜡笔标出。瓦莱里·拉尔博谈到乔伊斯的《尤利西斯》笔记本时写道，“它使人想起马赛克工人装小彩方的箱子”。

关于颜色的使用，乔伊斯并无定轨。一个颜色可能代表一本书的一部分在笔记本的某一页，而在别的地方，它可能表示的是被转录的日期。因而乔伊斯的笔记本令人惊叹又困惑，各种颜色混杂在一块，不可能准确地拆分或追溯。

虽然视力黯然，但乔伊斯用蜡笔、铅笔和炭笔，点燃了一条通往印刷的光明的多彩之路。不管这意味着一件独特的外衣还是潦草的笔迹，这位意志坚定的作家为了看清稿纸，想尽了办法。

香烟、双胞胎和邪眼

——作家书桌上的迷信

《芬尼根的守灵夜》已写到第四个年头，詹姆斯·乔伊斯精疲力竭。他想到另一个作家可以完成他的书。“这样我的精神可以卸去一块很大的负担。”他向哈里特·萧·韦弗坦承道。而且他已经找到了一个理想的接盘者：一个名叫詹姆斯·斯蒂芬斯的都柏林人。他把这一想法向斯蒂芬斯提出，后者同意续作，但只是在必要的时候。

乔伊斯对斯蒂芬斯的作品颇为称许，但也喜欢两人有着相同的名字。此外，斯蒂芬斯和乔伊斯《一位青年艺术家的画像》中的主角斯蒂芬只有一字之别。另外一个有约束力的细节被证明有误，但乔伊斯彼时信以为然：在乔伊斯的印象中，他和斯蒂芬斯在 1882 年 2 月 2 日出生在同一家医院。乔伊斯的迷信似乎影响到了他的选择。即使斯蒂芬斯也考虑过这个问题："乔伊斯喜欢我——是吗？还是他只是喜欢他的生日，而我恰好和他同一天？"

乔伊斯甚至为这本合著的书设计了署名：JJ&S（乔伊斯指出，这也是威士忌酿酒厂“约翰·尊美醇父子”的首字母缩略）。然而，这本书是乔伊斯通盘完成的。同时，他和他的这位被指派的双胞胎兄弟保持着好友的关系。

许多知名作家像乔伊斯一样，极为热衷于迷信。毛姆在法国里维埃拉有一栋别墅，在别墅的门柱上，他铭刻了古老的摩尔人的符号，代表着驱避邪眼的法蒂玛之手。这一标志在他的家中四处可见，从壁炉、香烟盒到火柴盒。从他的第三部长篇小说《英雄》起，它被印制在毛姆每本书的书脊、封面或者书里面。毛姆是从他父亲那里注意到这个符号，后者在摩洛哥旅行时偶然发现了它。作家用它来祈求好运，有一次告知一位访客，“迄今为止，它都很灵”。

格雷厄姆·格林对数字尤为执迷。当他去乡下拜访伊夫林·沃，他会中断写作，目光长时间在路边逗留。不时有一辆车路过，格林会记下车牌号。在一次接受《时尚芭莎》的采访中，沃回忆道，“他的笔会一直滞在那里，直到某种数字组合——我想是 987 之类的——无意中出现在他面前”。

在接受《麦考尔》的采访时，卡波特坦承，“我过去迷信得不行，我指的是到了狂热的地步”。虽然这些迷信很多是他的想入非非，但他发现难以放弃它们。在星期五他不会开始一篇作品，也不会为之收尾。他讨厌数字“13”。如果不知怎的牵涉到这个数字，他会换房间，或者把电话回避掉。一度他走到第十三步，甚至会心惊肉跳。卡波特从不让烟灰缸里的烟蒂超过三根（多余的他会放在外衣口袋里），亦拒绝与修女共搭飞机。

杰克·凯鲁亚克的迷信习惯受到一位作曲家的启发，虽然在这一文学仪式中，他的天主教背景可能也起到了部分作用。在接受《巴黎评论》的访谈中，这位“垮掉派”作家回忆道，“我从前会有一个仪式：点燃一根蜡烛，在烛光边写作，到夜里累垮了的时候吹灭它……在动笔之前还会跪下来祈祷（我是从一部关于亨德尔的法国电影中学来的）”。

阿西莫夫不会为写不出东西发愁。他宣称，“二十年来，我坐在打字机边从未灵感枯涩”。然而阿西莫夫害怕的是他的写作工具把他扔在一边。他给自己配了两台电子打字机，这样假如一台坏了，他仍可以继续写。

D.H. 劳伦斯

D H Lawrence

与树荫幽会

D. H. 劳伦斯

1885—1930

我发现一座森林，如此奇妙，令人激动。

——劳伦斯谈及德国埃伯斯泰因贝格附近的黑森林

在《纽约客》一则关于D. H. 劳伦斯的讣告中，珍妮特·弗兰纳宣称："除了其他怪癖，他还喜爱脱掉衣服，爬到桑树上。"不清楚记者是如何获知这一惹人非议的珍闻，很多人予以了驳斥。研究劳伦斯的学者H. T. 摩尔称这篇报道"荒谬"。阿娜伊斯·宁则对记者描述的"耸人听闻的画面"不予理会。看起来弗兰纳对劳伦斯的刻画，是建立在并无事实依据的小道消息上，不过她的声言中至少有一点是对的：劳伦斯对树木很着迷。

事实上，有一次白葡萄酒喝过头，劳伦斯决定为一对文雅的客人摘金合欢。这位醉醺醺的作家从树枝上掉下来，未能取悦两位女士。尽管如此，一般来说，他来到树中间，还是清醒自持的。有许多个早晨，他会倚靠着一棵树的树干，膝盖上放一本便笺簿。在树枝下，他发现的不只是树荫；树木是他的灵感之源。

在一封给画家简·朱塔的信中，劳伦斯写道，“树木如同生活的伴侣”。他指的是德国埃伯斯泰因贝格附近黑森林中的那些大冷杉。三十五岁时，劳伦斯在那座古朴的德国村子里度过了几个月。在这个闲适的地方，他经常隐退到树林中，写他的第七部长篇小说《亚伦的神杖》。整本书是在户外完成的，在那里冷杉树静静地陪伴着他。对于这座充当他的工作场所的令人印象深刻的森林，他感到难舍难分。他说道，“[这座树林]似乎散发着某种神秘的活力，某种反人类或者非人类的东西”。

四年之后，劳伦斯寻求在北美的松树林下避难。和他生活在一起的，有他的妻子弗里达，以及他们的朋友多萝西·布雷特。他们的家，“基奥瓦牧场”，位于新墨西哥乡间的一座山上。早上劳伦斯会消失在树林中。差不多到了中午，布雷特会来喊他吃午饭。无一例外，她找到他的时候，他正在一棵树下，沉浸于工作中。布雷特写道，“有时可以透过林间瞥见到你，穿着蓝衬衫、白灯芯绒裤，戴着一顶很大的尖草帽，倚靠着一棵松树的树干而坐”。牧场的前方高耸着一棵挺拔的松树，下面摆着长凳，如果没有去树林深处，劳伦斯就会在这里写作。

终其一生，劳伦斯享受过各种斑驳的树荫，遍及整个世界。在英格兰赫米提吉村[1]的礼拜堂农舍，他坐在一棵苹果树下的椅子上写作。在意大利加尔加诺，他在柠檬树林边工作，除了复核《儿子与情人》的校样，还写了一些诗歌和散文。在墨西哥，他在湖边一棵柳树的拥抱下写作。《查泰莱夫人的情人》的写作则是在托斯卡尼一株巨大的意大利五针松下。

1926 年，劳伦斯在意大利时，作家朋友阿道司 · 赫胥黎来看他。赫胥黎刚买了一辆新车，提出把旧的那辆转给他。但劳伦斯对开车的想法毫无所动。在一封谈到这件事的信中，劳伦斯宣称，“静静地步入松林之中，坐在那里做一点我做的工作，还有什么比这更为愉悦的事。为什么要跑来跑去的！”

---

1 Hermitage，意为“隐居之处”，位于英国伯克郡纽波里附近，劳伦斯在 1917 年至 1918 年间住于此地。

当陷入怀疑……

有时最好的修改方式是重写。劳伦斯便曾经整本书推倒再来，以一个新的句子开始。他更喜欢写一个全新的草稿，而不是在先前的版本上缝缝补补。《查泰莱夫人的情人》在最终定稿之前写过三遍。

像劳伦斯一样，詹妮弗·伊根[1]也是胆子大到可以把全稿作废。她有一本书初稿有六百页，拿给家人和朋友看，没有得到正面评价。她立即意识到这本书不能拿去出。她并未为此灰心，而是保留了原来的构想，但予以了重写。这就是她的长篇小说处女作《看不见的马戏团》。

从历史上来看，许多伟大的作家都被初稿折磨过。哈珀·李便是其中一个。在一个寒冷的冬夜，纽约市的行人们兴许见过《杀死一只反舌鸟》的初稿，从李的公寓窗户飘扬而下，落在雪花覆盖的地面。在一阵绝望之中，这位沮丧的作家将她的手稿抛出了窗外。幸运的是，李的编辑说服她去外面，把书稿抢救了回来。

如果一份失败的书稿，搁置足够的时间，通常会有一

1　詹妮弗·伊根（1962—），美国小说家，凭《恶棍来访》获 2011 年普利策奖。

线转机。《食人族》写到五百页时，斯蒂芬·金决定放弃，转而去写其他的长篇，《食人族》便吃了好多年的灰尘。将近三十年后，他对这本书再作尝试，只是这一次，他对故事做了一个不同的处理。新的版本《穹顶之下》在 2009 年出版。

有时也有书是救不回来的。文学名家如朱诺·迪亚斯和迈克尔·夏邦，便曾放弃过整部的长篇小说，觉得它们未取得预期的效果。托马斯·哈代的第一份手稿被拒绝好多次之后，再也没有拿去出版。在职业生涯的晚期，哈代完全放弃了这本书，把手稿毁掉。

伊夫林·沃在事业之初有过一段很惨的光景。第一份手稿所遭遇的负面评价，使得这位羽翼未丰的作家试图自杀。他活了下来（文学事业也得以延续），但那份未得到充分承认的手稿，则没有这么幸运。

纳博科夫

Vladimir Nabokov

谜一样的缀合

纳博科夫

1899—1977

我玩纵横字谜时，都是碰巧选了哪个空格填哪个。

——纳博科夫，《巴黎评论》访谈

纳博科夫晚年把家安在瑞士蒙特勒宫酒店。作为失眠症患者，纳博科夫夜里很容易醒过来。如果被搅醒，发现梦中萌生新念头，他会伸手往枕头底下探。那里，就像文学缪斯的代金券，有一叠带横线的布里斯托尔便条卡片。在想法不翼而飞之前，纳博科夫可以将之记录在三英寸宽、五英寸长[1]的长方形上。

在二三十岁的时候，纳博科夫在床上写作，一边吞云吐雾，一边推敲着一个又一个诗意的句子。而在这些年里，香烟被糖浆糖取代，结果不可避免地发胖。姿势也随

1 相当于宽 7.6 厘米、长 12.7 厘米。

时间而改变：六七十岁的时候，在瑞士的酒店里，纳博科夫开始站着写作。

虽然在不安的夜晚灵感有时不期而至，纳博科夫在他酒店的家中，却保持着固定的时间表。他在一张从酒店地下室翻出来的斜面讲桌前开始他的一天。累了便移到一张扶手椅上。最后，如果背需要休息，他便平躺在长沙发上。纳博科夫将这一姿势的变换形容为“太阳每日令人愉悦的做工”。从日出到日落，便条卡片作为工具不变。

纳博科夫最先使用便条卡片，是出于科学而非文学上的用途。作为一名乐此不疲的鳞翅目昆虫学家，他每年都要去考察旅行，为了寻找珍稀的样本。用小而结实的纸条来记录飞蛾和蝴蝶的观察数据，再好不过。事实证明，它同样适合纳博科夫的写作。在五十出头的时候，他用便条卡片写出了《洛丽塔》的草稿，这本书成了他最著名的作品。

在落到稿面之前，纳博科夫会让小说在脑海中炖着，一直等到烂熟于心。与此同时，他会从生活的各个角落摄敛种种细节。在一次接受《花花公子》的采访中，他将这一大杂烩形容成“已知的材料，用于一个未知的结构”。虽然纳博科夫不能肯定这些片段如何成为作品的一部分，他依然收集着细节，而故事的结构“在其中秘密地伸展”。

为了《洛丽塔》，纳博科夫进行了广泛的研究，以至于跑到巴士上，去听美国女孩原汁原味的交谈。许多其他“不为人知的细节”，则是在考察鳞翅目昆虫的旅行中收集的。纳博科夫曾在康奈尔大学当教授，到了暑假会穿越美国西部。无论是在破败的汽车旅馆停留，还是从某一个小镇经过，纳博科夫都会沉浸于风景之中。他所记录下来的栩栩如生的形象，后来出现在《洛丽塔》中。如果在旅途中发现很难找到安静的地方，他就把自己关在车里写。

一旦故事的框架在心中成形，纳博科夫会拿起铅笔，开始使用一叠新的便条卡片。他的小说并非一砖一瓦砌成，而是东鳞西爪错综而成。这个过程，他谈到，就像做纵横字谜游戏。他写了又擦掉重写，经常是橡皮用得比铅笔还快。在填满一张便条卡片后，他依据它适合放在故事的哪个地方，塞入那一堆卡片中。尽管如此，便条卡片还是可能重新安排。所以他会等到手稿完成之后，才给每一个卡片编号。

《洛丽塔》写得很慢很吃力，在一个心情低沉的时刻，纳博科夫决定将手稿付之一炬。妻子薇拉建议他不要这么极端行动。他听取了她的话，继续锤炼这本书。薇拉还帮助纳博科夫誊写他的便条卡片。他从未学会打字这门技术，靠她把作品打出来。在去俄勒冈的旅途中，纳博科夫将《洛丽塔》口授给薇拉。三张便条卡片可以打成一张纸。（纳博科夫的小说《阿达》来得更长，合计有两千五百张便条卡片。）

《洛丽塔》讲的是一个中年男人爱上了一名少女，纳博科夫知道肯定会引起舆论哗然，甚至考虑过使用笔名。由于题材如此有争议，纳博科夫决定把他的便条卡片销毁，这样，作品被追溯到他头上的线索更少。在稿纸打出来后，《洛丽塔》的卡片立即疏散，从哪里来的直接回到哪里去。早先纳博科夫在长途旅行中为这本书汲取灵感。而现在记录有那些想法的卡片从车窗飞出，散落在路上。其他的便条卡片被扔到了汽车旅馆的壁炉，其中很多起初便是在壁炉边写下的。留存下来的，只有一百张记有纳博科夫早期观察的卡片，以及打字稿（最终以作者的真实名字出版）。

洗澡时间

作为一名年轻的父亲，纳博科夫将洗澡与写作结合在一起。这位居家的父亲在午睡时间尤其多产。当孩子睡着，纳博科夫坐在浴缸里，在一块高于水面的书写板上写作。多年之后，他依然把浴缸作为他的写作活动的一部分。每天工作之前，他需要晨浴。在接受《花花公子》的采访中，当被问及什么是他“作为一名作家的主要缺点”时，纳博科夫举出几点，其中一点就是“无法用任何语言恰当地表达自己，除非我在浴缸里，在我的脑海里，在我的书桌边创作每一个该死的句子”[1]。（纳博科夫起初是用母语俄语写作，1940 年改用英语。）

除了纳博科夫，还有很多作家带着笔和纸进入浴缸。毛姆会把他的晨浴时间好好利用。当他的身体一浸入水中，这一天的最初两个句子便浮出脑际。埃德蒙·罗斯丹[2]，《西哈诺·德·贝尔热拉克》的剧作者，则在浴缸中寻

1　指他口吃一事。其实这也不能算缺点，因为毛姆也口吃得厉害。

2　埃德蒙·罗斯丹（1868—1918），法国诗人、剧作家。《西哈诺·德·贝尔热拉克》是其最知名的作品，1990 年被改成同名电影，中文译名为《大鼻子情圣》。

求庇护。因为灵光每次袭来，都是如火花一样噼啪作响，而非逐渐消失成灰烬。为了避免在创造力密集迸发时有任何中断，他会洗一整天的澡。罗斯丹告诉法国善于交际的赫格曼－林登克罗恩夫人，他的戏剧《雏鹰》是潜入水中写成的。对于这一不同寻常之举，他颇为自傲。“我认为我的想法相当独树一帜！”他说。

本杰明·富兰克林在他的铜浴缸里泡几个小时的热水澡，可谓奢侈。置身于水汽升腾之中，他阅读、写作，然后放松。富兰克林也是每天要洗一个“提神澡”：他一醒来便脱掉衣服，光着身子坐在房间里，工作一个多小时。

当阿加莎·克里斯蒂计划整修她的宅邸“绿廊之家”时，她告诉建筑师吉尔福德·贝尔，“我想要一个大浴室，带一个壁架，因为我喜欢吃苹果”。对于这位将浴室作为主要工作区的作家来说，这些要求可不是小节。那些精妙绝伦的情节，便是克里斯蒂在一个维多利亚式的大浴缸里放松时，一点点构想出来的。要想知道她的工作进展，或者至少她花在写作上的时间，可以看绕着浴缸的木壁架上的苹果核数。

黛安·阿克曼发现，置身肥皂泡沫中，能让她的创造力得到解放。她回忆道，“有一个夏天，我懒洋洋地倚靠在浴缸里，写了一整部诗剧”。朱诺·迪亚斯是另一位在浴室中找灵感的当代作家。但他并不进入浴缸，而是坐在旁边写作。他说，“这让我的前任抓狂”。

如果迪亚斯仿照多萝西·帕克，估计前任会和他闹翻天。帕克并不在浴缸中写作，但她发现浴缸有个独特的妙用：两只短吻鳄的临时的家。她在一辆纽约出租车上发现这对家伙后，立刻把它们带回了自己的公寓。就帕克来说，她是情急之下把新宠物放到了浴缸，却忘了把这件事告诉别人。有一次她出门，女仆偶然间撞到了这两个尖齿、泡眼的爬行动物，然后给自己的雇主留了一张便条：“亲爱的夫人，我要辞职，因为我无法在有短吻鳄的房子工作。我本该之前就告诉您这一点，但没承想事情真的会发生。”

海明威

Ernest Hemingway

给冰箱除霜

海明威

1899—1961

一旦写作成为你的主要恶习、至高欢愉，那么只有死亡才能让它停下。

——欧内斯特·海明威 ，《巴黎评论》访谈

1954 年 1 月，欧内斯特·海明威乘坐一架小型飞机，飞行于尼罗河上空。他为第四任妻子玛丽预订了一场空中旅行作为圣诞礼物。正当他们欣赏风景时，一群朱鹭突然出现在航线上。眼疾手快的飞行员罗伊·马什立刻俯冲下去，躲开了鸟群，不幸的是在这个过程中，飞机还是撞上了老旧的电报线。紧急迫降时，他们受了点伤，不过都不算太严重（最惨的是玛丽，她断了几根肋骨）。

然而，这场郊外事故的事后营救，却加重了他们的伤势。另一个名为雷金纳德·卡特赖特的飞行员发现了这伙人，将他们带进自己的飞机，准备起飞。可是几秒钟之

后，飞机却直坠下来。海明威不得不用头撞开被卡住的门才得以逃生。这一回可惊险得多，机舱内部已经着火，冒着浓烟。

在第二次事故中，海明威身上多处受伤，包括脊柱损伤。自那以后，久坐便会令他痛苦不堪。因此——据几名记者和学者的说法——1954年返回古巴的家中后，海明威不得不站立写作。然而，他在坠机事故之前一定也偶尔这么做过。大约在非洲之行的四年前，在写给评论家哈维·布赖特的信中，他不失幽默地提及站着工作的好处："写作和旅行会让你的臀部扩展，如果没有让你的思维扩展的话，还好我喜欢站立写作。"

海明威在古巴的家名为Finca Vigga，意为"瞭望山庄"。尽管在房子旁边的高塔里有自己的书房，海明威还是选择在舒适的卧室里写作。他为自己的脑力活动创造了一个别致的工作区域：一个靠墙的中等大小的书柜被用作写字台，打字机的两旁堆满了书和稿纸。海明威就这样穿着舒适的乐福鞋，俯身在架子上写作。墙上的羚羊头标本下，挂着一张字数统计表。海明威每天填到表上的数字通常是五百左右。

海明威在古巴每天开工很早。从早上六点半到正午，他整个上午的时间都用来写作。他会在卧室边写边吃早餐。这几个小时里，心爱的宠物一直陪在他身边。瞭望山庄里一度有五十来只猫和十几只狗。海明威最喜欢的四脚朋友，是一只叫黑狗的史宾格犬和一只叫博伊西的猫。在写给布赖特的信里，他谈及黑狗："它知道我的写作在某种程度上与煎牛排有关，所以费老劲地要把我带到打字机跟前。"

桑顿・怀尔德说海明威每天开始写作前，要削好二十支铅笔。后来接受乔治・普林顿为《巴黎评论》所做的采访中，海明威驳斥了这一说法：他甚至都没有那么多铅笔，"一天写下来，如果顺手的话，也就用掉七支二号铅笔"。

不过毫无疑问，海明威写初稿时最喜欢用铅笔。他说："如果你用铅笔写作，你就有三次不同的机会，以检查读者是否能理解你想传达的东西：首先是通读完一遍时；之后，在打出来时，你又得到一次修改的机会；在校样上又有一次。这样，一开始使用铅笔，就为你增加了三分之一的修改机会。"

在灵感枯竭之前离开书桌，也许是海明威最重要的一条写作准则。他向普林顿解释这个过程时说："你写到某个地方，觉得自己劲还没用完，并且知道接下来要发生什么，这时你停下来，直到第二天再埋头接着写。”次日清晨来到稿纸堆前，海明威会先修改新写的段落，然后在改到昨天搁笔的地方时，他知道自己下一步要写什么。他说：“你只要能开始就没问题，冲动自己会来。”

在《巴黎永存我心》一书中，记者阿尔特·布赫瓦尔德记下了海明威给作家的另一条建议。布赫瓦尔德回忆说，他的一个朋友见到海明威后问，一个人如果想成为作家，需要做什么。海明威回答这个有志青年说：“首先，你得给冰箱除霜。”

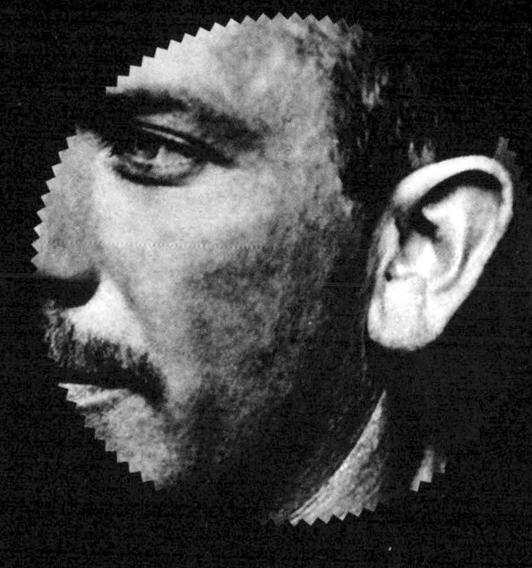

斯坦贝克

John Steinbeck

用声音写作

斯坦贝克

1902—1968

我知道我想让它听起来如何，我知道我想让它感觉起来如何。

——斯坦贝克，在给编辑帕斯卡尔·科维奇的信中谈《伊甸之东》

还是一名年轻小伙时，斯坦贝克有一个改变了他一生的启示。他发现“high”与“fly”押韵。声音和意义之间的相互作用让他觉得不可思议。这位十四岁的着迷者，注定要成为一名文字匠。

上高中时，斯坦贝克写起了短篇小说，满脑子是它们如何才能朗朗上口。斯坦贝克的邻居被证明是这一测试的完美听众。露希尔·休斯不仅喜欢写作的艺术，而且就住在街对过，找起来方便。休斯和斯坦贝克的母亲奥利弗是好朋友，但很可能在他高三高四的时候，她与这位大胆的年轻人见面的次数更多。

休斯不喜欢斯坦贝克，他看起来并未发觉。他会踏上她家的门阶，大步走入她家，大声朗读自己的作品，即便休斯正在忙家务活——而这是通常的情况。虽然这种频繁的唐突让休斯恼火，但她总是会提供真诚的批评。她会毫不犹豫地告知斯坦贝克，他需要简化他的词藻。这样，在一位不情愿的邻居的帮助下，斯坦贝克开始读他的短篇小说。终其一生，在斯坦贝克的写作过程中，口语一直处于中心地位。

二十七岁时，斯坦贝克称，他只是想讲故事才写作，后者只是副产物。A. 格罗夫·戴是他在斯坦福大学结识的一名作家，在一封给戴的信中，斯坦贝克写道，“即使没有任何作品出版，我依然会写。我的写作，是为了记忆”。斯坦贝克这是在回应戴的主张，即作家给出版商的应该是干净的手稿。虽然斯坦贝克的处女作《金杯》不过在五个月前发表，他的谈吐却带着成熟作家的笃定。他评论道，“好的速记员数不胜数，但如我这般发声漂亮的，可是千里挑一”。这位初露头角的作家自视为一名“吟游诗人”而非“抄写员”。他更喜欢把一个故事讲出来，让别人去清理语法和拼写。

在写作《人鼠之间》时，斯坦贝克的耳朵必然派上了用场。这部小说本来是作为电影和戏剧剧本来写的。斯坦贝克提到，“我一开始想称之为‘一部用来读的剧本’”。随着情节在纸页上展开，斯坦贝克也想象着它们在舞台上的呈现。每一节的最后都标示着“幕落”。

《人鼠之间》出版于1937年1月。不久，剧作家和演员乔治·S. 考夫曼告诉斯坦贝克，他想把这个故事搬上舞台。考夫曼的戏排出来，轰动一时。尽管有着无可争议的成功（该剧在百老汇上演了207场），斯坦贝克却认为他的“戏剧小说”是个失败。斯坦贝克惋惜的是这本书在被改编成剧本时并非无缝对接：“这一尝试彻底砸了。我的意思是，当我碰到像考夫曼这样一个务实的戏剧人，我发现我不得不在很大程度上重写这本书。”然而，看起来斯坦贝克的批评有些苛严。他实际上几乎是达到了他的目标，因为故事和对话的大部分，在演出时都原封未动。

在谈及一位作家写作的形象时，我们通常会想到一个人弓身坐在桌子前，对着稿纸冥思苦想。就斯坦贝克的情况来说，在一叠稿纸旁，还得有一台口授录音机。1942年，斯坦贝克受托给空军写一部非虚构，稿子要得特别急，因此他告诉他的朋友托比·斯特里特，“我正对着一部传声机口授一本书”。这一录音机器帮助他工作得更快，而且他发现比起找人替代，他更喜欢机器。他反思到，“我总是有一种感觉，就是我让速记员回不了家，做她想做的事情，但是这样一台机器，就是个奴隶，既没有权利也没有家”。《投弹：一个炸弹小组的故事》以每天四千字的速度紧锣密鼓完成，这一速度在一定程度上，把斯坦贝克自己都吓着了。

四年之后，斯坦贝克换了一台口授录音机，以写他的小说《不称心的客车》。在每个常规的工作日，他会下到家里的地下室，那时他住在曼哈顿上东区。在这个安静的庇护所，他会先写信和日记，然后写小说。他的目标是填满黄色标准拍纸簿的三张纸。

斯坦贝克喜欢用铅笔写出大部分草稿。他的桌子上放着十二根铅笔，每根都削得尖尖的。一台电动削笔器是他至为珍视的工具之一。对于自己的工作状态，斯坦贝克总结道：“我会在早上把铅笔们都削直，对于一天的工作来说，削两次才够，那就等于要削二十四根铅笔。一根新削的铅笔差不多够写一页。”由于高产，他的手指经常磨出茧。他的编辑想得周到，送给他圆铅笔，以减缓六角形铅笔带来的痛苦。

在用普通书写法写出草稿后，斯坦贝克把稿件口授给机器。他会回放以作审度，阖上眼睛聆听，以获得作品的全部效果。在把所有的修改都纳入手稿后，斯坦贝克会录一份修正的版本，以供速记员打出。显然，口授再一次帮斯坦贝克提高了写作速度；他在计划的截稿日之前两个月，完成了这部小说。

在完成《不称心的客车》很久以后，口述录音机成为斯坦贝克书房的固定装置。在 1958 年的一次采访中，他谈及自己的写作过程（此时他已完成了二十多本书）。他提到初稿是用铅笔写出，二稿在口述录音机上录出。斯坦贝克所做出的某些最好的修正，便是在听的过程中。对此，他解释道，“如果你放到磁带上去清晰地听，你可以听出哪个地方你写得最糟糕”。录音使得他的文字从纸面上起飞。之前斯坦贝克尝试过大声读出来，但这并没有提供必要的距离。“而且，”他强调，“眼睛还不能闲着。”

在被问及年轻时受过谁的影响时，斯坦贝克提到了两位作家的名字：唐·伯恩和詹姆斯·布兰奇·卡贝尔[1]。他

1 唐·伯恩（1889—1928）为爱尔兰小说家。詹姆斯·布兰奇·卡贝尔（1879—1958）为美国幻想小说作家，被视为逃离主义者。

补充道，“两人皆是声音上的行家——而这也是我的目标”。斯坦贝克做的正是他打算做的：对声音的专长——从年少时当着邻居的面大声朗读，到后来在磁带上听自己的声音。

大声说

斯坦贝克并非唯一以口书通向伟大文学的作家。有几位名作家，出于这一或那一原因，不得不放下笔头，口授他们的作品。

※ 在失明之后，弥尔顿求助身边的人给他充当抄录员。他的史诗《失乐园》便是通过向各种人——包括朋友、家人和学生——口授完成的。诗人会让访客给他记录诗节，不论是存于记忆中的，还是当场而作的。

※ 萨克雷向长女安妮口授散文。然而她回忆到，每次父亲“到了一个关键点，会把他的秘书打发走，自己来写”。

※当小说《赌徒》的交稿日[1]近在眼前，陀思妥耶夫斯基招来一名速记员以节省时间。得到这份工作的是一名二十岁的姑娘，叫安娜·格里戈利耶夫娜·斯妮特金娜。两人通力合作，在一个月内把书赶了出来，也证明了彼此是完美的一对：他们在截稿时间前相遇，陷入了爱河。婚后，陀思妥耶夫斯基继续向他的妻子口授小说。

※1897年，亨利·詹姆斯已经五十三岁，饱受风湿病折磨的他，不得不找一个打字员代劳。他的余生，都是靠文书助手来写信和小说的。西奥多拉·博赞基特是詹姆斯的打字员之一，据她回忆，作家特别在乎打字机的声音："他在对着奥利弗牌打字机口授时便带有明显的不适，发现对着一个不会发出任何回应性声音的东西写作，令人难以置信地不安。"而雷明顿牌打字机，则可以敲出恰到好处的噼啪声。

1 1865年6月，陀思妥耶夫斯基为还债，以三千卢布为代价和彼得堡书商斯捷洛夫斯基签订一份合同，允许对方出版他的三卷文集，并承诺1866年11月1日之前交一部新写的、篇幅不少于十二印张的小说。如果不能如期交稿，则对方有权在九年之内无偿出版他写的一切作品。

尤朵拉·韦尔蒂

Eudora Welty

别住它

尤朵拉·韦尔蒂

1909—2001

这是我真正喜欢干的——把事物放在应有的最佳位置，对最关紧要的事物予以揭示。

——尤朵拉·韦尔蒂,《巴黎评论》访谈

尤朵拉·韦尔蒂在打量她的作品时，手边备着剪刀。如果有任何需要移动之处，她立即把它从纸页上剪下来，然后用别针别在新的地方。在一封写给作家和编辑威廉·麦克斯韦的信中，韦尔蒂列举了她在一部小说中使用过的别针的门类。她回忆道："《默思之心》用了直别针、帽针、胸针、编织针，当我在打字机上把手稿打完，我有了比一开始更多的针。（这样来得省俭。）"韦尔蒂也喜欢针在修改时的灵活性。在一次接受《巴黎评论》的访谈中，她说如果用胶的话，"你没办法取消它"。而针使得文本片段的反复移动更容易。

韦尔蒂会把她修改过的稿纸放在床上或者餐桌上。当她完成了剪裁和别针的工作，她会坐下来，打出一份干净的版本。新打出的稿子之后会接受新一轮的剪裁与别针。某些部分甚至要经过好几轮修改。

韦尔蒂的大多数作品，是在密西西比州杰克逊镇写出来的，这里是她长大的地方。虽然喜欢旅行，但她总是回到家乡。在她读到高中四年级的时候，韦尔蒂一家搬到杰克逊松林街一栋迷人的房子里。作为六个孩子中最大的，韦尔蒂有幸挑到二楼一个最好的卧室。韦尔蒂离开杰克逊去念大学，先是在密西西比，后来在纽约。她有几次尝试在曼哈顿找一份文学工作，但运气不佳。最终，在她快要到三十岁时，韦尔蒂回到松林街的这栋房子，那时她母亲切斯蒂娜还健在（父亲已在 1931 年过世）。

韦尔蒂一般从早上开始写作，不过依然穿着睡衣。她会在二楼卧室，也就是她年少时选择的卧室的桌子边坐下。虽然她面对着墙，但她更喜欢在写作时离外面的风景近一些。这样，如她写到，日光会穿窗而入，一点点朝她这边蠕动过来。她强调，“我喜欢在自己工作的时候，感受到世界也正在进行之中”。韦尔蒂的初稿是直接在打字机上打出来的。“我希望看到某些东西在纸页上是客观的、排好版的，我想这是我的新闻业训练使然。”她说。从大学出来后，她当过一段时间的记者。

在动手敲打一篇故事前，韦尔蒂会把各种笔记汇集在一个速记本上。事实上，当切斯蒂娜住进六十英里外的一家疗养院，在长途驱车去看她的路上，韦尔蒂会随身带一个本子。只要有想法突然萌生，她会把它记下，也不用把车开到路边。对于这一危险的习惯，她的朋友们都很担心，这是可以理解的。尽管如此，她总是带着在途中记录下来的想法安全到家。看起来，无论身在何处，韦尔蒂都必须把想法随时记下来。然而，一旦这些笔记被提炼成散文，它们会经受她多年来发展出的缓慢而精巧的别针修正术。

当采访者要韦尔蒂讲一下“别针加剪刀法”的缘起，她提供了两个解释，一个与缝纫有关，另一个与新闻业有关。对于前者，她说，“你有没有试过照着纸样裁衣？嗯，我想就是这个启发了我”。虽然她从来不是一名娴熟的女裁缝，但对于缝纫，韦尔蒂有过亲眼目睹。切斯蒂娜会为她的孩子们的衣装裁好布。然后一个名叫芳妮的女人会造访韦尔蒂的家，在现场把这些布缀合成衣。

韦尔蒂还把她的方法追溯到她短暂的新闻生涯。在那种快节奏的环境中，记者们使用长卷纸打出他们的作品。韦尔蒂已学会把不合意的文章从打字机上扯下来。然后她会对被扯断的纸页进行调整，继续写。她补充道，“我想我是过于审慎，无法真的扔掉。我会保留下来，以防止最终可能需要它，所以我有这么一些纸条”。

向读者朗读她的作品时，韦尔蒂意识到修改的重要性。当她站在一群人面前，她经常察觉到她的故事中有需要改进的地方。在谈到她在大学的朗读时，她回忆道，“我可以看到所有这些缺点这么多年一直在那，而我一无所知”。这些缺点通常涉及的只是简单的调换，将故事的一个片段从一个地方移到另一个地方。韦尔蒂一而再地发现，某些东西放在故事的结尾，比放在开头要更合适。她评论道，“作为一个蹩脚的左撇子，有可能我的想法和做事，都是反过来的”。

每一次改动，不论多么微不足道，就如同她在速写本上草草记下的最初的想法，似乎都会立即影响到韦尔蒂，让她产生相同的急迫感。韦尔蒂谈道：“很奇怪，在修改中，你是如何发现一些不值得考虑的小东西是如此根本，以至于在修改时不只是保留它，而且赋予其突出地位。”有时夜已深，韦尔蒂都已经上了床，会意识到有一处特殊的地方需要改动。当这种夜间的启示发生，她会随手记下，以防明天忘了。

日以继夜，韦尔蒂一门心思都在小说上。虽然她从未熟于缝制衣服，但韦尔蒂用她自己的文学的方式，成了一位缝纫大师。她不断用剪刀和针，校正她的文本，力求在一篇故事的框架之内，为一个词、一个句子或者一个段落，找到最合适的地方。

谢绝风景

尤朵拉·韦尔蒂不是唯一一个更喜欢背对窗户的作家。海明威在哈瓦那的工作区是卧室书柜的顶板。他会面壁而立，先用铅笔把初稿写出来，然后移到他的打字机前。

为了保持注意力，弗兰纳里·奥康纳将她的书桌放在一个大衣柜的背后。比起卧室窗外的乡间风景，单调的木头看在眼里，让她更少分心。

斯坦贝克住在曼哈顿东七十八街时，在他的地下室写作。这位作家乐于避开城市的喧扰。他称，“没有窗户，也就看不到外面，看不到邮递员和垃圾运输车”。

在避免分心这件事上，玛雅·安杰卢更绝。不管住在哪，安杰卢会在当地旅馆租一个房间写作。她会要求把墙上所有东西都取下来，以助于她把注意力完全放在写作上。在《巴黎评论》对安杰卢所做的一次采访中，乔治·普林顿列出了作家选择留下来的东西：“一瓶雪莉酒，一本字典，《罗杰类语词典》，黄色便笺簿，一个烟灰缸，一本《圣经》。”没有这些东西的话，她的工作环境称得上是斯巴达式的。

就集中注意力而言，很少有空间像伊迪丝·西特韦尔夫人每天早上躺下的那样，来得封闭。从黛安·阿克曼那里我们得知，西特韦尔通过将自己极度地密封起来以寻找灵感。在动笔之前，诗人会打开棺材躺在里面，在那个没有窗户的环境里，为一天的工作做准备。

年届五旬之时，萧伯纳搬到一个名叫阿约特·圣劳伦斯的小镇。他在后院的小棚屋里写作，面对着一面木墙，但两边各有一扇窗户。萧伯纳对棚屋进行了改装，使之能够旋转。这样，他就可以随意调整自己的位置，而不用抱怨光线进入房间的方式。

就视野而言，在光谱的另一端，是马克·吐温。他的嫂子在纽约埃尔迈拉有一座农场，她在那里的夸瑞山（Quarry Hill）山顶，为他建造了一间田园诗般的书房。吐温和他的家庭在这座农场度夏。这个隔绝开来的写作区，对吐温而言，再合适不过。每天他会漫步来到他的小屋，这里远离农场通常的嘈杂。吐温如此描述道："它是八边形的，尖屋顶，每面墙有一扇大窗户。它孤栖于高处，可将溪谷、城市和远处蓝色的丘陵尽收眼底，如同一个舒适的巢。"如他所写到的，在中间休息的时候，吐温可以凭眺任何一个方向，饱览美景。

卡波特

Truman Capote

不下床

杜鲁门·卡波特

1924—1984

我无法思考，除非我躺着。

——卡波特，《巴黎评论》访谈

杜鲁门·卡波特在充分斜倚时才能创作。他声称，“我完全是个横向作家”。一般人是在结束工作后才躺到床上或沙发上，而卡波特却是在这里开始他的工作时间。一本笔记本枕在膝头，供他书写。一杯咖啡和一支烟，总是伸手可及。“我得一口一口地抽，一点一点地抿。”他说。一天下来，他的姿势保持同一，但饮品有所改变。咖啡喝完后，会换成薄荷茶，之后是雪莉酒，到一天结束时，他已一杯马提尼在手。

卡波特写稿头两遍用铅笔，到第三轮改用打字机。但他并不起身，而是将打字机搁在膝盖上，尽管并不稳当，依然能以一分钟一百字的速度，把作品转录在黄纸上，这样的速度真是令人印象深刻。手稿会被晾一段时间，之后卡波特会重新审度，以决定作品的命运。如果他想发表，他会把它再一次打出来，这次用的是白纸。

在每一回的修改中，卡波特会以一个有着大师风范的匠人的眼光，打量他的散文。他会推敲每一个小小的细节，甚至标点符号也不放过。从一个句子内在的气韵，到故事的框架，卡波特以极大的细心，分阶段地改定手稿的每一部分。在他文字生涯的早期，他会列出详尽的大纲，但最终发现这一步毫无必要；好的想法会在他的脑子里突然驾到。“我总是有这样的幻觉，一个故事或者一篇小说在长冲刺中，整个跃入我的脑海——情节、人物、场景、对话，无所不备。”他作解道。虽然如此，他更喜欢在写作进入佳境之前把结尾写好。这结尾，如同方位基点，引导他向最终目的地而去。

卡波特告诫道：“我们必须警惕那种被称为灵感的兴奋状态，那经常与神经有关，而非肌肉。做任何事情都应该冷静、稳重。”然而看起来，一次创造力的不期然的爆发——“长冲刺”——对于卡波特有序的写作过程，乃必不可少的抵冲。他的某些最好的作品，如同烟花绽放而成。他完全意识到在一定程度上被灵感操纵的重要性。

1944年冬天，卡波特第一部长篇小说写到一半，决定放弃。他在亚拉巴马州门罗维尔的荒野漫步时，横生写一部新长篇的想法。灵光闪现让他迷失方向，难以找到回家的路。当他回到家，他上了楼，开始“以可怜的乐观主义”投入工作。结果便是《别的声音，别的房间》，他在《纽约时报》上的畅销处女作。

还在门罗维尔时，半夜在床上工作便成了卡波特的习常。那时他和姨妈们住在一块。对于他的作息时间，她们以专横的关切，问长问短。他回忆起她们的批评：“但是你让所有事情都颠倒过来。你会损害你的健康。”她们不断的监视迫使他搬到新奥尔良，在那里他可以随心所欲地工作，不拘时间与地点。但仅仅几个月后，他又搬到曼哈顿，与母亲尼娜、继父乔·卡波特生活在一起。他仍然是一位“颠倒的”作者，夜里十点到凌晨四点，当大多数人在做梦，他却在创作。

像处女作一样，他的“非虚构小说”《冷血》也是起于灵感突发。1959年11月，卡波特翻阅《纽约时报》时，目光被一篇短文绊住。它讲的是堪萨斯州一个叫霍尔克姆的小镇上发生的一宗残忍的谋杀，但缺少细节。他立即联系了《纽约客》的一名编辑，自荐写一篇与这起罪行有关的文章。在得到任务后，他马不停蹄地赶到中西部，开始着手工作。他手头的这篇文章，将会演变成一部史诗性的作品。

到写作《冷血》时，卡波特已经调到白天写作。他的作息表肯定能得到姨妈们的认可，然而我们可以想象，对于他的咖啡、茶、雪莉酒和马提尼轮着来，她们会有何反应。而且，尽管这一新的习常会被他的亲戚们视为“正面向上”，但卡波特依然依着自己的性子，躺着写作，拒绝群世合俗。

远离录音机

在一些名作家那里，一台磁带录音机可以有助于创作过程，而在另外几位名作家看来，却是妨碍。在为写作《冷血》而进行的无数次采访中，卡波特从未携带磁带录音机，甚至没带笔记本。卡波特称，“如果你建立起任何机械的障碍，就会破坏气氛，使人们无法坦露心声”。他依靠摄影术般的记性保留事实，这些事实在采访后被迅速记录在纸上。在采访中，他儿时的好友哈珀·李也出了一臂之力，然后两人对勘笔记，以确认事实。

威廉·S. 巴勒斯使用磁带录音机做文学实验，但他认为口授没有必要，而且费劲。他强调，“我从不使用磁带录音机创作——这样做浪费时间。从磁带录音机里抄下来更麻烦，不如一开始就在打字机上打出来”。

盖伊·特立斯将新闻业的衰败归咎于磁带录音机，他谴责这一工具“是严肃的非虚构写作所发生过的最糟糕的事”。特立斯认为，磁带录音机使得采访被简化为问与答。他更喜欢跟着受访对象四处转，甚至去户外，以搜集人物形象的复杂面。

弗兰纳里·奥康纳

Flannery O'Connor

早课

弗兰纳里·奥康纳

1925—1964

如果我等待灵感，我会一直等着。

——1959年10月弗兰纳里·奥康纳接受《亚特兰大宪法日报杂志》采访时，谈及自己的日常写作习惯

在写作的世界里，时间表并不是什么新鲜事。找到最佳的工作时间很重要，不论它意味着对忙乱的生活方式的尽量兼顾，还是说能准确地指出某个小时是最有创造力的。但很少有人能够在其一生的大部分，坚持在相同的时间段写作，坚持每天都这么做的人则更罕见。弗兰纳里·奥康纳便是如此，她每天早上留出三个小时来写作，几乎从未略过一天。她的仪式如此紧密地编织进了她的生活，其自然与必要，如同吃饭或呼吸一样。

20世纪50年代，奥康纳住在一座白色农舍里，离佐治亚州米利奇维尔有几英里。房子坐落在一条土路的尽

头，孔雀经常在那里出没。砖砌的台阶通向一个宽阔的前廊，前廊有一排摇椅。穿过纱门，左边是奥康纳的卧室。每天早晨，这位长着醒目的蓝眼睛、身材纤瘦的作家，都会坐在那个房间里写作。

奥康纳的一天由参加清晨弥撒开始。随后她会退到另一个圣所。奥康纳的小卧室兼作书房，有两个大窗户，但她选择背对玻璃，把书桌直接置于大衣橱后面。当这位虔诚的作家从工作中抬起头来，目力所及永远是一块空木板，平淡而枯静，与农场不断变化的景观相反。

奥康纳的书桌乃临时凑合而成，她在给密友贝蒂·海丝特的一封信中描述了这一点。（海丝特给奥康纳写过一封见解深刻的信，表达她的仰慕之情，促成了两人的终生友谊。）奥康纳写道，“我有一张很大很难看的棕色书桌，打字机放在中间的凹陷处，两边是抽屉。书桌前面是一个底部被敲掉的赭橙色的板条箱，和一个用来垫高的子弹盒，我便坐在这里”。一块木板连接着临时搭建的架子。满桌散乱的文件、笔记和文章给她提供灵感。

奥康纳的写作空间并不像她严格的时间表那样有序，这点看起来可能令人惊讶，但她在写作时其实一点也不死板。她的故事乃演变而来，而非墨守一个细致的大纲。她说："我只是像猎犬一样摸索［故事］。我循着臭迹而去。"灵感不是她能计划的东西，这也就是她为什么需要日常仪式。奥康纳得准备好，手指靠近打字机。这样她就可以确保，"如果有什么东西来了，我正在那里等着接收"。

奥康纳写得很慢，而非喷涌式的那种。每天早晨，在她不变的约会中，她一行一行地慢慢推进，往后退几页，又再次向前挪。每次坐下只写大约三页，有时更少，还常常在第二天被废弃。不过，不管是被弃用的还是留下来的，每一页奥康纳都很看重，都视为她的创作的重要部分。在给塞西尔·道金斯的信中，她写道："有时我写了几个月，却不得不把所有的东西都扔掉，但我不认为这些是浪费时间。事情进展顺利时，会变得更容易。事实上，如果你不是每天都坐在那，你就会错失顺利起来的那一天。"

奥康纳成年后的大部分时间，甚至周末，每天都坚持同样的作息。然而她并非轻易就做到这一点。她承认，"纪律对我来说并不自然，我必须去养成"。当奥康纳决定采取严格的日程表，或者至少朝这个方向努力，转折才发生。那时她正远离家乡，去了另一个州。

二十岁的奥康纳大学毕业后，来到爱荷华大学，打算学新闻。很快，她明显感到自己更适合创意写作，于是改变了专业。奥康纳不太适应北方的环境。寒冷的冬天使这个佐治亚人感到震惊，她极其想家。她的南方方言带鼻音，无论学生还是教授都听不懂。当被要求大声朗读她的某篇故事时，奥康纳会把它交给同学——最好是一个南方人，以保持她的声音的感觉——但拖音没她那么重。

虽然在爱荷华是个局外人，但奥康纳的作家之路进展显著。就是在那里，她学到了她一生中最重要的——也许是最简单和最直接的——经验。这是她的创意写作教授保罗·霍根传授的智慧结晶。他建议她选择一个时间和地点每天写作，她决定采取这一简单的做法。

奥康纳在爱荷华大学作为大学毕业生和在读研究生时，掌握了自己的日程安排。每天早晨，当其他许多学生睡过头时，她去做弥撒，然后回到她的卧室写作。其间她写了几篇短篇小说，包括《天竺葵》和《火车》。这样的功课在一开始可能并不容易，但最终成为她的日常习惯，无论去哪里都保持着，从城市到城市，不管是生病还是健康。

离开爱荷华后，奥康纳在亚多——纽约萨拉托加斯普林斯一处艺术家聚居地——待了将近一年，随后跟着朋友、写作上的支持者罗伯特·洛威尔来到出版界的中心——纽约。这座大都市熙熙攘攘、一片混乱，但奥康纳并没有让它妨碍到自己的日程安排：先是弥撒，然后埋头写她的长篇小说处女作《智血》。在这个城市住了六个月后，奥康纳搬到康涅狄格州的农村，与罗伯特·菲茨杰拉德及其妻子萨利住在一起。

奥康纳的房间位于菲茨杰拉德的车库上方，这里安静且租金便宜。每天早晨，奥康纳会和萨利或罗伯特——他们同是虔诚的天主教徒——一起去做弥撒，然后写作，把注意力都集中在那部正在成形的小说上。为了换来理想的写作条件，她所需要做的只是在下午替人照看婴孩，而这时，她已经完成了当天的写作。奥康纳最后习惯了此处，感到这个地方就像家一样，但她北上的舒适生活很短暂。在菲茨杰拉德家住了一年半之后，她被迫搬回佐治亚。

奥康纳二十五岁时被诊断得了狼疮。这种变性疾病在她父亲四十多岁时要了他的命，现在它将改变她的命途。她同疾病（起初不知是狼疮）斗争了一年多，正计划着一旦恢复体力，就搬回康涅狄格。不幸的是，奥康纳显然需要帮助才能活下去。这位年轻作家和她的母亲里贾纳搬到了一个奶牛场。她称这地方为安达卢西亚，在这里度过了余生。

随着疾病恶化，奥康纳不得不使用铝制拐杖。狼疮盯上了她的臀部，使她难以行走，但并没有削弱她恣烈的精神。在一次接受《亚特兰大宪法日报杂志》的采访中，奥康纳声称，“这种病对我的写作没有影响，因为我写作用的是脑袋，而不是脚”。尽管狼疮带来了慢性疼痛，她仍然维持自己的成规。

抵达安达卢西亚后不久，奥康纳为《智血》找到了出版商（哈考特与布拉斯公司）。小说于 1952 年出版，没有引起广泛追捧，但标志着她的事业发生了积极的转变。从此，她将不仅被认为是一个短篇小说作家，也是一名长篇小说家。多年以后，她又创作了另一部长篇小说和两部短篇小说集。从她在早上的功课，可以听到这种文学生活的稳定心跳。随着每一次轻敲字键，她一点点地前进，一丝不苟地让作品缓慢地呈现，绝对谈不上多产，然而自从面世后，已得到评论界的诸多反响。

三十九岁时，奥康纳被许可进入一所医院。狼疮变得更厉害了。虽然她的身体已经开始衰退，但奥康纳的头脑仍然活跃、意气风发。她只想写。奥康纳告诉一位朋友，“医生说我不能做任何工作。但他说我写一点小说没什么关系”。于是这位坚执的作家把一个笔记本藏在枕头底下，一待护士走出目光之外，便欢欣地取出来。这样，她就能在给朋友写信之余，偷偷地写点额外的东西。在那些日子里，她没有办法坚持她所珍视的功课，结果证明那是她生命最后的时光。尽管如此，她并没有放手，依然锐意进取。曾经是一连串稳定的清晨的文学轻敲，变成了抖动：她利用飘忽不定的、偷来的时刻，以自己的方式存在。

甜牙

弗兰纳里·奥康纳在打字机上打字时从不抽烟，尽管她的同代人大多会这么做。这个南方作家更愿意放纵自己对甜食的喜爱。据爱荷华大学的朋友琼·威廉姆斯说，奥康纳“写作时会一口一口地轻啃小饼干”。准确地说，是香草威化饼。

和奥康纳不同，短篇小说大师卡佛深受常见的文学恶习之害。几十年来他烟酒不离手（快四十岁时才把酒戒掉）。不过他也分享了奥康纳对甜食的嗜好，他吃掉了大量的“菲得珐得”[1]（一种裹着坚果的糖衣爆米花）、甜甜圈、布朗尼蛋糕和小甜饼干。喝的呢？不是可口可乐，就是姜汁汽水。

雷·布拉德伯为缓解紧张情绪给自己开了一剂药方：冰淇淋。当他的小说《华氏451》进入校对阶段，他质疑起了书里的每一个部分。编辑斯坦利·考夫曼从纽约飞到洛杉矶，来亲自安抚这位焦虑不安的作者。他们窝在考夫曼的酒店房间里一起看校样，同时吃掉了许多冰淇淋。考夫曼回忆说：“我不能让他一个人吃，所以最后我们都吃胖了。我感觉我在和一个巨人打交道，从他的热心之中涌现怀疑的波纹，只有冰淇淋才能平抑。为了帮助他，我不得不强迫自己和他一起吃。”

1 原文为 Fiddle Faddle，意为“懒人”、“无聊话”等。该款爆米花由美国康尼格拉食品公司于 1967 年开始生产。

致谢

因为写了一本有关怪作家的书，我染上了这么一个习惯，会对某些怪癖感兴趣，这些怪癖在某种程度上界定了我最关心的人。终究怪癖并非负面，如果你不那么想。事实上，将我们区分成你我的细微之处，经常是我们最表面的特质。就本书来说，我利用了身边之人诸多不可思议的怪异的特征。

玛利亚·加利亚诺，我的朋友、同事以及坚定的支持者，她的热切和友善令人称奇。她从一开始就拥护《怪作家》，将其列入企鹅 Perigree 的出版名单。我的编辑梅格·莱德尔，借助她非凡的洞察力和耐心，这本书才得以成形。她所提供的支持贯穿整个编辑过程。对于玛利亚和梅格的所有努力，我感激不尽。

尼基·凡诺伊，我的另一位可贵的朋友，一位有才华的作者，花时间审读了我的初稿。她的热情鼓舞了我，让我一遍遍地修改。我真挚地感谢她，不管是一天的什么时间或者一周的哪一天，她都乐于伸出援手。

我写这本书的时候，恰逢生活发生重大改变。我的稿子正写到一半，丈夫伊恩和我突然决定收拾家当，从布鲁克林搬到缅因。我的女儿帕特里夏那时才一岁，当我在电脑屏幕和半满的箱子之间手忙脚乱，她和我丈夫都展示出了巨大的耐心。伊恩不知以什么方式，使得这趟旋风般的搬迁，几乎让人觉得毫不费力。而自始至终，帕特里夏总是生活的开心果，不论是在她要“读书书”，还是要去外面踩一堆树叶的时候。

在缅因的最初几个月，我们同我的姻亲玛莎·麦康奈尔和斯科特·麦康奈尔住在一起。我很感谢他们的欢迎，他们的家是个隐居写作的妙处。我的桌子靠着窗户，可以看到窗外成排高大的落叶树。这样，当我的手指在电脑键盘上如奋蹄般敲打，我仍可以抬起头来观察季节的变迁。

我还得感谢一个人：我的妈妈。翠西·约翰逊在我认识的人中最不寻常。她以如此多的方式帮助我完成这本书，不可能在这里一一道明。她那无法仿效的幽默感，对我是个极大的支持。她总能引起我的笑声，她的笑话并非回避真相，而是取决于真相。这也表明，对于几乎所有事情，愉快的窃笑都是一剂良药。

既然我是个想法怪异的人，我要在这里感谢一些实际上与本书毫无关系的人。不过还是有点关系，只是以他们自己的方式。我的兄弟 C. J.、科林和克里斯蒂安，以及我的父亲卡尔。我们作为一家子是如此不同，但我们骨肉相连。对于这本书的诞生，他们中的每个人都有功劳，在我还没开始写的时候，他们就相信我能写出来。

译后记

《怪作家》是我译的第一本书。翻译是件吃力不讨好的事，何况有翻译大家的高标树在那里，仅仅出于敬畏之心，也不敢轻易为之。不过，就像我的老师批评的，外语学了这么多年，不用起来，学它做什么？于是，就不揣冒昧，应承了下来。

在翻译过程中，我对翻译实践的诸多难题有了更多体会。举例来说，如果放在十年前，我会毫不犹豫地去批评“牛奶路”式的翻译，可是现在，似乎多了一些踌躇：难道译者赵景深不知道“牛奶路”是银河？如果知道，他为什么还要这样译？他的内在想法是什么？虽然鲁迅批评赵景深，可他自己不也说要“硬译”？他这么说，也这么做了。

在翻译中，我不断想起傅雷和钱钟书的一个争论：外语中描述的安静，后者主张译成“一根针掉到地上也能听见”，前者则主张译成“仿佛一只猫走过”。不止一次，我觉得两种译法都有道理，因而在两种翻译观之间徘徊。译文的陌生性是阅读翻译文字的价值之一，尤其在今天这样一个多元化不断被消解的“地球村”。但在译文中，我还是想更多照顾一般汉语读者的阅读习惯。当然，由于在中文表达上的捉襟见肘，上述愿望究竟实现了几分，只能由读者来判断。

最后，感谢西安财经大学文学创作与文体研究中心，以及文学院“创意写作工作坊”给予我的诸多方便与支持。

宋宁刚

2018 年 8 月